Schreibe 100 Mal: »Ich darf nicht …«
Norbert Golluch

Norbert Golluch

Schreibe 100 Mal: »Ich darf nicht ...«

Als Lehrer noch Schulmeister
und Schüler Lausbuben waren

Bibliografische Information der Deutschen Nationalbibliothek
Die Deutsche Nationalbibliothek verzeichnet diese Publikation in
der Deutschen Nationalbibliografie.
Detaillierte bibliografische Daten sind im Internet über http://d-nb.de abrufbar.

Für Fragen und Anregungen
info@rivaverlag.de

Originalausgabe
1. Auflage 2020
© 2020 by riva Verlag, ein Imprint der Münchner Verlagsgruppe GmbH
Nymphenburger Straße 86
D-80636 München
Tel.: 089 651285-0
Fax: 089 652096

Redaktion: Ulrike Reinen
Umschlaggestaltung: Pamela Machleidt
Umschlagabbildung: Shutterstock/Everett Collection; Shutterstock/
Tueris
Satz: bären buchsatz, Berlin
Druck: GGP Media GmbH, Pößneck
Printed in Germany

ISBN Print: 978-3-7423-1108-5
ISBN E-Book (PDF): 978-3-7453-0747-4
ISBN E-Book (EPUB, Mobi) 978-3-7453-0748-1

Weitere Informationen zum Verlag finden Sie unter

www.rivaverlag.de

Beachten Sie auch unsere weiteren Verlage unter www.m-vg.de

Inhalt

Eine Reise durch die gefühlte Schulgeschichte

Wer hier eine umfassende historische Abhandlung, sozusagen eine Geschichte der schulischen Erziehung, erwartet, wird vielleicht enttäuscht werden. Hier geht es um die innere Schule, um kollektive Vorstellungen und das persönliche Erleben von Lehrern und Unterricht, um die leuchtenden Glücksmomente und wilde Abenteuer im ganz individuellen Spielfilm »Die Rüpel aus der letzten Reihe«, aber auch um die schattenhaft eingebrannten Spuren traumatischer Erlebnisse in Verbindung mit Lehrern und Lernen, heute geeignet für ein unterhaltsames Horrorvideo »Die Schule des Schreckens«. Deshalb finden sich hier weder stichhaltige chronologische Abläufe noch präzise Zeit- und Orts-angaben zum Thema Schule.

In diesem Kino gibt es keinen historischen Spielfilm, keine Dokumentation »Schule, damals und heute«, viel-mehr Schnappschüsse aus Klassen- und Lehrerzimmern und vom Schulhof, Porträts von Paukern, Pädagogen und Pennälern, dem Rektor und dem Hausmeister. Collagen, geklebt aus Papierkorbschnipseln und den Dingen, die noch ganz unten im Tornister eines Schülers zu finden wa-ren, der aber eine Fünf oder Sechs in Ordnung hatte.

Es gilt die Atmosphäre einzufangen, die Gefühle, Gerü-che und Geräusche wiederzubeleben, die wir alle aus der Schule mitgenommen haben. Einige davon teilt jeder von uns mit den Menschen seiner Generation, ganz einfach deshalb, weil sie ebenfalls Schüler waren. Andere Erleb-nisse sind Unikate, individuelle Höhepunkte, an die sich zu erinnern dieses Buch vielleicht auch helfen kann.

Die Tatsache, dass jeder Mensch in seinem Lebenslauf mit Schule zu tun hat, hinterlässt nicht nur Spuren in Form von Zeugnissen und anwendbarem Wissen, sondern prägt sich in vielfältiger Weise einem menschlichen Charakter ein, denn jeder von uns durchläuft gleichzeitig die Schule des Lebens. Die hat zwar kein eigenes Schulgebäude, ist aber immer noch präsent in unseren Köpfen …

Die Anfänge: Klosterschulen, Scholaren und Schulmeister

| ca. 250000 v. Chr. |

Vielleicht die ersten Lehrer

In vorunterrichtlichen Zeiten war es in der Urhorde auf der Jagd gern gepflegter Brauch, dass der stärkste, mutigste und dümmste Mann in der Gruppe den Höhlenbär oder das Mammut als Erster attackiert. Dieser Usus führte auf selektivem Wege zu einem deutlichen Anstieg der durchschnittlichen Gruppenintelligenz, trug aber beachtlich zu ihrer körperlichen Schwächung als Ganzes bei. Vermutlich war es der schwächste, aber intelligenteste Jäger, der ir-

gendwann diesen Zusammenhang begriff und dem stärks-
ten, aber dümmsten Jagdgefährten in den Arm fiel und ihn
mit einem eindeutigen »Ö-ö!« und ebensolchen Gesten
davon abhielt, den lebensgefährlichen Primärangriff zu führen. Das hatte doppelte Konsequenzen: Der zweitstärks-
te, aber nicht weniger dumme Jäger nahm – vermutlich
begeistert – die Rolle des ersten ein und geriet so auf die
Speisekarte eines ziemlich unbezwingbaren Raubtieres –
ein Gewinn für die Kampfkraft der Horde als Ganzes, denn
der Erstplatzierte in puncto Stärke blieb ihr erhalten, und
zugleich der Beginn des Weges zu einem Gleichgewicht
zwischen Keule und Hirn.

Außerdem war der Beruf des Lehrers geboren. Doch
weder ahnte dieser körperlich schwache, aber intelligente
Urmensch etwas von seiner exponierten Rolle noch war
er Mitglied im Verband Bildung und Erziehung (VBE) oder
in der Gewerkschaft Erziehung und Wissenschaft (GEW),
von einer Entlohnung für seine Tätigkeit nach A9 ganz zu
schweigen. Auch gestaltete sich sein Lehrplan noch sehr
einfach und er hatte – außerhalb der Jagdsaison – sehr
viel Freizeit, ähnlich den späteren französischen Sommerferien.

Nun könnte der Eindruck entstanden sein, dass Urpä-
dagogik Männersache war. Dagegen spricht aber das Wissen, dass auch Urfrauen an den Jagdzügen teilnahmen.
Aber wegen der Unterschiede zwischen den Geschlechtern ist es kaum anzunehmen, dass sich Frauen bei der
Jagd vordrängten. Das hormongesteuerte Intelligenzdefizit

zwischen den Geschlechtern bestand schon zu dieser frühen Periode. Testosteron erhöht nicht gerade das Denkvermögen.

Die erste Lehrerin wird ihr Talent womöglich bei der Pilzsuche oder beim Kosten unbekannter Pflanzen entdeckt haben, hier weniger durch die Verhinderung gefährlicher Aktivitäten als durch »Learning by doing«. Wenn sie es war, die den Kochlöffel in der Hand hielt, durfte immer das gierigste und doofste Gruppenmitglied lernen, dass Gefräßigkeit nicht unbedingt zu jedem Zeitpunkt ein Vorteil ist. Möglicherweise liegt hier auch die Wurzel des kriminalistischen Phänomens, dass über neunzig Prozent aller Giftmörder Frauen sind. Untersuchungen über den Anteil an Lehrerinnen unter den Täterinnen stehen noch aus.

Wer allerdings glaubt, dass der institutionalisierte Lehrerberuf bereits in der Steinzeit seinen Anfang nahm, der irrt. In Verkennung der Zusammenhänge zwischen Ursache und Wirkung deutete man den Erfolg frühen erzieherischen Tuns als übermenschliche Begabung und machte aus derartig begünstigten Wesen keine Lehramtsanwärter, sondern Zauberer, Schamanen oder Priester – Berufe, die sich bis in die Neuzeit gerettet haben und die erstaunlicherweise immer noch auf demselben intellektuellen Niveau funktionieren. Nein, bis zum öffentlich bestallten und bezahlten Pädagogen dauerte es noch einige Jahrtausende. Es mangelte ohnehin an Schulgebäuden, die vorhandenen Ressourcen hätten allenfalls für eine fußkalte Klassenhöhle ausgereicht. Außerdem fehlte es im Großen und Ganzen an Unterrichtsinhalten. Schreiben lernen ohne Schrift? Mathematik, wenn man nur bis fünf zählen kann? Ohne jetzt unsere Vorfahren schlecht machen zu wollen: Es dauerte noch eine Weile …

Wagen wir einen Zeitsprung.

12. Dezember 589

Was ging den Rittersmann die Schule an?

Mammut und Höhlenbär waren längst ausgestorben, auf die Berge baute man Burgen und die Männer trugen Gewänder aus Blech. Das Leben der Rittersleute stellte ganz besondere Anforderungen an die Schule.

Während die Klosterschulen eine auf der Schrift basierende Unterrichtsform praktizierten, brauchten diejenigen, die Ritter werden wollten – die Knappen –, handfeste Unterweisung, nämlich eine praxisorientierte, nicht schriftliche Ausbildung – allzu viel Schriftkram hatte so ein Ritter nicht zu erledigen. Der Unterricht war geprägt durch die »Septem Probitates«, die »Sieben Tüchtigkeiten«, die zum Können jeden Ritters gehören sollten: Reiten, Schwimmen, Bogenschießen, Fechten, Jagen, Schachspielen und Verseschmieden. Mit Musik, Dichtung und fremden Sprachen hingegen wurden die adligen Damen an den Ritterhöfen beschäftigt, welche wohl auch die Kinder unterwiesen.

Hurra, keine Schule: Das finstere Mittelalter

Mit diesem Ausruf hätten um das Jahr 900 n. Chr. die meisten aller Kinder und Jugendlichen jeden Morgen den Tag begrüßen können – hätte es überhaupt schon eine Schule für sie gegeben oder hätten sie zumindest geahnt, dass es einmal so etwas wie die Schulpflicht geben würde. Schule? Nein danke, erst in ein paar Hundert Jahren! Zur Schule gingen nämlich nur die Reichen und Privilegierten, Fürstenkinder und Königssöhne, vielleicht hin und wieder einmal ein Bauern- oder Bürgersohn, dessen aufgeweckter Blick ihn von den Kühen auf der Weide unterschied. Doch, die Schlauen erkennt man am Blick, was auch heute noch Lehrer aus sehr ländlichen Gebieten bestätigen können.

Die Kirche hatte die Bildung der privilegierten Söhne fest in ihrer Hand: Diese Schüler konnten eine Klosterschule besuchen oder eine Dom- oder Pfarreischule. Als Klerikerschmieden lieferten sie eine Ausbildung zum Mönch oder Priester, schließlich brauchte das kirchliche System keine Intelligenzbestien, sondern Nachwuchs. Der Lehrplan war mit dem einer heutigen Schule nicht zu vergleichen, Latein stand ganz vorn im Stundenplan, es folgten Lesen und Schreiben. Wer die Grundlagen beherrschte, konnte weiterführendes Wissen erwerben, zusammengefasst unter dem Begriff »Septem Artes liberales«, die »Sieben freien Künste«: Grammatik, Rhetorik, Dialektik, Arithmetik, Geometrie und Musik. Im siebten Fach Astronomie konnte man den Umfang seiner Irrtümer erheblich erhöhen und lernen, dass die Erde im Zentrum des Universums steht und vermutlich eine Scheibe ist.

Des Weiteren wurde alles eingeübt und auswendig gelernt, was zur Kirche und zum Glauben gehörte und nicht schnell genug in irgendeiner Bibliothek verschwand und vergessen wurde …

15. Mai 1005

Was Mädchen alles lernen mussten

Emanzipation gehörte nicht zum Programm der Kirchenmänner, Schulbildung war für Mädchen dieses Zeitalters nicht vorgesehen. Sie mussten schon Nonnen werden, um das Lesen und Schreiben zu erlernen, dann aber auch Singen, Nähen und Sticken. Irgendjemand sollte schließlich die prachtvollen Gewänder für die klerikalen Herren der Schöpfung herstellen, denn die hochherrschaftlichen Fummeltrinen konnten zwar ausgezeichnet Latein, aber sonst nicht viel, auf keinen Fall schneidern. Später gewährte man Mädchen auch den Zugang zu allgemeinem Wissen, bestand aber lange Jahrhunderte darauf, sie vor allem in mit dem Haushalt verbundenen Tätigkeiten zu unterrichten. Über den schulischen Unterricht hinaus konnten Mädchen in späteren Jahrzehnten ihre Kenntnisse in praktischen Angelegenheiten durch zusätzlichen Unterricht in so genannten Nähschulen erweitern; der Obrigkeit ging es dabei um die »Hebung des allgemeinen Wohlstandes und Gewerbefleißes«. Unterrichtet wurde meist von der Frau des Lehrers oder einer anderen öffentlich gut angesehenen Frau.

2. Januar 1109

Unterricht auf Reisen: fahrende Scholaren

Besonders bildungsfern wuchsen die Kinder von Bauern auf. Sie konnten meist keine Schule besuchen und blieben Analphabeten wie auch ein großer Teil der übrigen Bevölkerung, vor allem auf dem Land. Wozu auch das Lesen und Schreiben erlernen? Beim Pflügen, Mähen, Melken und Ernten brauchte man das nicht.

Was sollte also ein junger Mann tun, an dessen Wohnort sich keine geeignete Schule fand, wenn er dennoch höhere Bildung anstrebte? Wenn die Schule nicht zu ihm kam, musste er zur Schule kommen. Er machte sich auf den Weg zur nächsten erreichbaren Schule, nahm dort am Unterricht teil und – zog eines Tages weiter. Einzelne Scholaren – so die Bezeichnung für fahrende Schüler und Studenten im Mittelalter – oder ganze Gruppen reisten durch viele Länder, um ihr Wissen zu vervollständigen. Die Gegebenheiten machten es ihnen nicht ganz einfach, denn es gab keine zentralen Lehranstalten, sondern viele kleine, an unterschiedlichen Orten angesiedelte Wissensquellen, welche Lehrer und Magister anboten.

Erkennbar waren die Scholaren am Ordenskleid und an einem Stab, den sie immer bei sich trugen. Ihren Lebensunterhalt verdienten sie während der Wanderschaft durch ihr Wissen: Wer des Lesens und Schreibens schon kundig war, zählte auf den Märkten und Jahrmärkten jener Tage zu den gesuchten Dienstleistern. Schreiben der Obrigkeit mussten gelesen, Antworten verfasst, Erbschaftsdinge geregelt und vielleicht auch streng vertrauliche erotische Korrespondenz abgewickelt werden. Wer sich nicht als Schreiber anbieten wollte, finanzierte sich und seine Ausbildung durch Bettelei und gelegentliche Hilfsarbeiten bei Handwerkern oder in der Bauernschaft. Auch existierte eine gewisse Spendenbereitschaft – fahrenden Schülern zu helfen, galt als gute Tat.

---

1. Juli 1245

Konkurrenz formiert sich: die Stadtschulen

Abhilfe vom Bildungsmonopol des Klerus brachten ab dem 13. Jahrhundert so genannte Stadtschulen, die elementares Wissen für die Bürger vermittelten. Stadtschulen unterstanden dem jeweiligen Magistrat, der Schulmeister wurde von der Stadt bezahlt. Der Schulmeister wiederum bezahlte Hilfslehrer von seiner eigenen Entlohnung, deshalb dürfte Personalmangel an der Tagesordnung gewesen sein. Latein – sozusagen die Herrschaftssprache der Kirche – stand nicht allein auf dem Lehrplan, man unterrichtete auch Lesen und Schreiben in der deutschen Sprache, ebenso Rechnen für den Alltagsgebrauch.

Auch in dieser Schulform stand das Auswendiglernen hoch im Kurs; Gebete, Bibelzitate und Lieder sollten sich bleibend einprägen – man würde sie nach dem Besuch der Schule nirgendwo nachlesen können. Bis zu Wikipedia waren es noch mehr als siebenhundertfünfzig Jahre. Die Stadtschulen dienten aber vor allem auch den Bedürfnissen von Handel und Gewerbe, denn das aufstrebende Bürgertum der Städte war auf halbwegs qualifiziertes Personal angewiesen.

Die städtischen und die kirchlichen Schulen verdrängten einander nicht. Wer allerdings eine Karriere oder ein Amt in der Kirche anstrebte, musste natürlich von vornherein die richtige Schule besuchen.

Für den ländlichen Bereich fehlte es an leistungsfähigen Schulen – hier kamen Schüler nicht über die einfachsten Qualifikationen einer Elementarbildung hinaus.

Trocken, keusch und schlecht bezahlt: der Schulmeister

Schulmeister war kein sonderlich attraktiver Posten. Obwohl nicht im Dienst der Kirche, musste dieser im Pfarrhaus wohnen und ledig bleiben. Man legte höchsten Wert auf einen sittsamen Lebenswandel; so durfte das pädagogische Vorbild beispielsweise »zur Nachtzeit ohne redliche Ursache nicht auf der Gasse gehen«. Um Schaden von Stadt und Kirche abzuwenden, war Sittsamkeit beim Schulmeister auch in den folgenden Jahrhunderten gefragt. So lautete noch 1840 ein ministerieller Erlass: »Den Volksschullehrern Bayerns ist der Besuch der Wirtshäuser und Tanzböden untersagt.« Ein Zug durch die Gemeinde war den Pädagogen dieser Tage nicht nur in Bayern, sondern vielerorts verboten – und das sollte auch in den folgenden Jahrzehnten so bleiben. Geld für eine ausschweifende Sause hätten die schlecht bezahlten Schulmeister vermutlich ohnehin nicht gehabt.

Eines ist genug: das Schulbuch

Das bedeutendste und wahrscheinlich auch einzige Schulbuch jener Tage war mehrere Jahrhunderte alt, wurde aber immer weiter genutzt, bis es schließlich sogar ein Alter von über tausend Jahren erreicht hatte: »Ars grammatica«, eine Grammatik der lateinischen Sprache, im 4. Jahrhundert n. Chr. verfasst von dem römischen Rhetoriklehrer Aelius Donatus, soll bis zum Jahr 1500 in über dreihundertfünfzig Ausgaben veröffentlicht und für den Unterricht verwendet worden sein. So viel zum Thema Innovation in der Schule, schon damals ein Problem.

Nach Adam Riese …

Als dritte Möglichkeit für eine schulische Ausbildung boten sich später freie Schreib- und Rechenmeister an, die gegen Bezahlung Lesen, Schreiben und Rechnen unterrichteten. Winkel- oder Klippschulen, wie man sie nannte, waren für wenig betuchte Familien die einzige Möglichkeit, ihren Kindern eine Portion Bildung zu verschaffen. Aber auch Erwachsene nutzten diese Möglichkeit. Hier unterrichteten keine ausgebildeten Lehrer, sondern Männer der Praxis, die vom Magistrat Erlaubnis erhalten hatten, in ihren eigenen vier Wänden Unterricht abzuhalten – dementsprechend war die Unterrichtssprache Deutsch. So entstanden im 13. Jahrhundert die Vorläufer der späteren Handelsschulen: Über die Grundkenntnisse hinaus waren schriftliche Betriebsführung und praxisbezogene Rechenkenntnisse die Lernziele, zum Beispiel für zukünftige Händler und Handwerker. Für die Dauer der Beschulung gab es keine festgelegten Vorschriften. Man ging so lange zur Schule, bis man genug gelernt hatte.

Die Schreib- und Rechenmeister waren Lehrer zweiter Klasse – sosehr sie auch gebraucht wurden. Viele von ihnen wurden über die Region hinaus bekannt und machten sich einen Namen – so der 1492 geborene Rechenmeister Adam Ries, der sich in einer Redewendung verewigt hat: »Das macht nach Adam Riese ...«

Weil denkende Menschen, die sich mit Mathematik oder der angewandten Rechenkunst befassen, ja nicht auf den Kopf gefallen sind, sorgten die Rechenmeister zu Beginn des 16. Jahrhunderts für die ersten sinnvollen Unterrichtsmaterialien: Rechenbücher. Sie nutzten solche für ihren privaten Unterricht, wandelten sie aber auch für das Selbststudium ihrer Schüler ab. Ihre Rechenbücher gehörten zu den ersten Druckwerken in Deutsch.

Mittelalterliche Zustände

Schulgebäude mit Klassenzimmern gab es lange Zeit noch nicht, die Räumlichkeiten entsprachen eher einem ausgeräumten Kuhstall, einem Materiallager oder einer Werkstatt. Über allem thronte der Lehrer auf einer Art Podest, denn er musste wie der Pfarrer in der Kirche den Überblick behalten, um für Ordnung und Disziplin zu sorgen – eine schwierige Aufgabe, denn die Zahl der Schüler konnte schon mal dreistellig werden. Dabei half ihm eine Rute, mit der er undisziplinierte, unartige oder unaufmerksame Schüler hart bestrafte. Auch fehlerhaftes Rechnen oder Schreiben hatten Prügel zur Folge. Die Schüler hockten auf roh gezimmerten Stühlen oder Bänken, was sie aber nicht weiter störte, weil sie diese Art von Möbeln auch von zu Hause kannten.

Dicke Luft, eiskalt

Im Winter herrschten eisige Temperaturen in dieser Schule. Es gab zwar einen Ofen, aber der blieb kalt, wenn nicht die Schüler Heizmaterial mitbrachten oder bereits im Sommer einen Vorrat davon auf dem Speicher der Schule angelegt hatten. Deshalb kleideten sich Lehrer und Schüler nach dem Zwiebelprinzip – mehrere Schichten Kleider übereinander. Darstellungen aus dieser Zeit zeigen den Lehrer stets in einem dicken, wärmenden Gehrock und mit Hut. Neben den Temperaturen in der Klasse dürften andere Umweltfaktoren den Spaß am Unterricht beeinträchtigt haben. Ein kleiner Klassenraum, viel zu viele Schüler, der Großteil ungewaschen, gelüftet wurde erst letzten Donnerstag, und für offene Fenster war es an mindestens vier Monaten im Jahr viel zu kalt draußen. Es ist anzunehmen, dass ein Mensch mit der heutigen Rezeption menschlicher Aromen in kurzer Zeit ins Koma gefallen wäre. Käsefüße dürften noch die angenehmste Duftnote abgegeben haben. Dazu die deftige und einseitige Ernährung: Getreidebrei, dunkles Brot, fettige Suppen, Kohl, Hülsenfrüchte aller Art wie Erbsen, Bohnen und Linsen – und natürlich Sauerkraut, jede Menge Sauerkraut … Gase wie Methan und Schwefelwasserstoff sorgten stets für dicke Luft und trugen vermutlich zur Klimaerwärmung bei, was Schüler und Lehrer sicherlich begrüßt hätten, würden sie davon gewusst haben.

Lateinschulen

Strenge Lehrer und eine außerordentliche Disziplin der Schüler sorgten dafür, dass städtische Lateinschulen ab Mitte des 16. Jahrhunderts den klösterlichen Anstalten in etwa gleichgestellt waren. Unterrichtsinhalte waren Geschichte und Literatur, vermittelt durch Texte in Latein, Griechisch und Hebräisch. Sie lieferten die erwartete Vorbildung für ein berufliches Fortkommen in kirchlichen und öffentlichen Positionen. Mathematik und praxisbezogene Unterrichtsfächer spielten keine große Rolle. Lehrer an den Lateinschulen waren oft Kleriker, welche die Wartezeit auf eine Stellung als Pfarrer verbrachten, indem sie unterrichteten. Mancher entdeckte dabei seine Berufung als Lehrer, andere wiederum waren froh, ihre Berufskarriere nach den Erfahrungen in der Schule predigend auf einer Kanzel statt prügelnd im übervollen Klassenraum fortsetzen zu dürfen …

Von vorgestern bis fast heute

Alles Versager! Lehrer in der Gesellschaft

Der Beruf, über Jahrhunderte unter extrem schwierigen Umständen ausgeübt, erlangte aber keineswegs die Bewunderung der Mitmenschen. Gleichgültig, was ein Pädagoge den Schülern so alles eintrichterte, sein Ansehen stieg deswegen nicht. Es dauerte lange, bis das Lehramt zu einigem Prestige kam. Ein Grund dafür war – ganz wie heute – der unsinnige Unterrichtsstoff. Brauchte doch ein Grundschüler im antiken Ägypten mehr als vier Jahre, um alle 700 Hieroglyphen lesen und schreiben zu können. Die übrigen Fächer fielen aus. Nach der Schule waren die Absolventen nichts weiter als wandelnde Schreibmaschinen, die nur noch Schreiber, Beamte oder Priester werden konnten.

Apropos Schreibmaschinen: Auch chinesische Schüler haben in Sachen Schrift viel zu lernen. Wenn man weiß, dass das bisher umfangreichste historische Zeichenwörterbuch »Zhonghuá Zìhi« (Neuauflage 1994) rund 87000 verschiedene Schriftzeichen enthält, so fragt man sich, ob im alten und neuen China bei weniger begabten Schülern möglicherweise das Abitur mit dem Renteneintrittsalter zusammenfallen könnte.

1200 bis 1550

Zu schwach zum Pflügen: Qualifikationen

Gefragt war der Beruf des Lehrers in der Vergangenheit nicht. Häufig wurde er neben einer hauptberuflichen Tätigkeit ausgeübt, von einem Handwerker oder einem unausgelasteten Knecht. So manches Mal stand er auch im Zusammenhang mit der lokalen Erbfolgeregelung. Dort, wo ein bestehendes Gehöft nicht aufgeteilt wurde, sondern der älteste Sohn den Hof als Ganzes erbte, musste der Zweit-, Dritt- Und-so-weiter-Geborene irgendwie beschäftigt werden. Während der eine Spätgeborene zu schwach war, um als Knecht auf dem Hof des Ältesten zu arbeiten und einen Pflug zu führen, war ein anderer vermutlich zu dumm, um Pastor zu werden. Beide hatten dann nur die Möglichkeit, den Beruf des Lehrers zu ergreifen. So jedenfalls sah das der Erstgeborene, der mit Silbermünzen an der Weste in der guten Stube seines Hofes saß und seine Einnahmen zählte …

18. und 19. Jahrhundert

Das arme Schulmeisterlein

Gemessen an den wichtigen Aufgaben, die Lehrer für die Gesellschaft leisteten und leisten, war ihr Ansehen in den jeweiligen gesellschaftlichen Kreisen alles andere als gut. So wurden sie von den Wohlhabenden wegen ihrer Armut belächelt, ja verspottet, wie in diesem Lied aus der zweiten Hälfte des 19. Jahrhunderts:

In einem Dorf im Schwabenland,
da lebt, uns allen wohlbekannt,

da wohnt in einem Häus'chen klein,
das arme Dorfschulmeisterlein.

Des Sonntags ist er Organist,
des Montags fährt er seinen Mist,
des Dienstags hütet er die Schwein,
das arme Dorfschulmeisterlein.

Des Mittwochs fährt er in die Stadt
und kauft, was er zu kaufen hat,
'nen halben Hering kauft er ein,
das arme Dorfschulmeisterlein.

Des Donnerstags geht er in die Schul'
und legt die Buben übern Stuhl,
er haut so lange, bis sie schrein,
das arme Dorfschulmeisterlein.

Und wenn im Dorfe Hochzeit ist,
dann könnt ihr sehen, wie er frisst.
Was er nicht frisst, das steckt er ein,
das arme Dorfschulmeisterlein.

Und wird im Dorf ein Kind getauft,
dann könnt ihr sehen, wie er sauft,
elf Halbe schüttet er sich ein,
das arme Dorfschulmeisterlein.

Und wird im Dorf ein Schwein geschlacht,
dann könnt ihr sehen, wie er lacht,
die größte Wurst ist ihm zu klein,
dem armen Dorfschulmeisterlein.

Und wenns im Dorfe einmal brennt,
dann könnt ihr sehen, wie er rennt,
die nächste Ecke rennt er ein,
das arme Dorfschulmeisterlein.

Und wenn er dann gestorben ist,
begräbt man ihn auf seinem Mist.
Das Huhn setzt ihm den Leichenstein,
dem armen Dorfschulmeisterlein.

Neben derartigem musikalischen und dichterischen Ge-
spött arbeiteten sich Zeichner und Karikaturisten mit großer Begeisterung am Lehrerberuf ab. Die Tagespresse
und unterhaltende Publikation waren dankbare Abnehmer.
Der Grund für das schlechte Ansehen des Lehrerberufes
lag wohl vor allem in der Befürchtung der herrschenden
Kreise, allzu viel Bildung könne das Volk verderben. Nach
dem Motto »Je dümmer, umso besser!« wünschte man
sich seine Untertanen möglichst unwissend, und da der
Volksschullehrer in den Augen der Herrschenden Gefahren
heraufbeschwor, indem er der einfachen Bevölkerung eine
bessere Schulbildung vermittelte, wurde er zur Zielscheibe
des Spottes – sozusagen von oben herab. Vor allem im

19. Jahrhundert quälte man die armen Schulmeister, wo man nur konnte, mit Verboten und Maßregelungen. Lehrer durften, wie bereits gesagt, weder Wirtshäuser noch Tanzböden besuchen, aber auch nicht auf die Jagd gehen – selbstverständlich nur, damit die Jugend von einem tugendhaften Menschen unterrichtet würde.

In dessen Bezahlung spiegelte sich allerdings keine Wertschätzung wieder: Sie war jämmerlich; geistiger Reichtum musste genügen. Heute liegt die Besoldung von Grundschullehrern zwischen 3000 und 4500 Euro im Monat, also durchaus bei oder über dem Durchschnittseinkommen. Genauere Aussagen über die Einkünfte in der Vergangenheit sind schwierig, weil sie sich regional stark unterschieden. Deshalb sollte man die Angaben hier nur als ungefähre Richtwerte begreifen. Zu Beginn des 18. Jahrhunderts erhielt ein Schulmeister ein Jahreseinkommen von 30 bis 50 Talern. Zum Vergleich: Ein Pfund Brot (500 Gramm) kostete 12 Groschen (24 Groschen waren 1 Taler). Einem Leutnant stand ein Sold von 200 Talern pro Jahr zu. Schulmeister waren also arme Schlucker. 1770 betrug das Jahressalär für Lehrer immerhin schon 80 bis 200 Taler. Ein Paar Stiefel kostete zu diesem Zeitpunkt etwa 15 Taler.

Im Jahr 1850 konnte ein typisches Lehrergehalt etwa 140 bis 200 Gulden im Jahr betragen, allerdings bei freier Wohnung. Lehrerinnen wurden deutlich geringer als ihre männlichen Kollegen bezahlt; sie verdienten etwa zwanzig Prozent weniger. Zudem mussten sie auf ein Familienleben verzichten und wie ein katholischer Geistlicher im Zölibat leben. Apropos: Ein Pfarrer erhielt in diesen Tagen – je nach Dienststelle – ein Jahresgehalt von 400 bis 600 Gulden, ein Arzt um die 4000 Gulden und hohe Beamte oder Minister brachten es sogar auf fünfstellige Beträge.

> **Erst 1550, dann 1938**

Der Horror in Zahlen: Schulnoten

Ob wohl die Schule ohne Noten besser war? Erst im 16. Jahrhundert führten Jesuitenschulen ein Notensystem ein – fünf Notenstufen, festgehalten in römischen Zahlen. Wer eine Klasse aufsteigen wollte, musste eine Prüfung absolvieren, die benotet wurde. Übrigens waren es auch die Jesuiten, welche die in Klassen aufgeteilte Schule erfanden. Ihr Notensystem hat – in Variationen und erweitert – bis heute Bestand.

Die Note für eine Nullleistung – die Sechs – wurde 1938 eingeführt. Es gab zwar auch schon vor der Einführung der Sechs sehr schlechte Schüler, aber der Grund für diese Neuregelung waren nicht etwa nachlassende Leistungen oder die Absicht, Schulversager auszugrenzen, sondern ein Schwachpunkt im Fünfersystem: Viele Lehrer drückten sich vor einer tatsächlichen Aussage über die Leistung, indem sie die mittlere Note 3 vergaben – nicht gut, nicht schlecht, nichts Halbes und nichts Ganzes. Die letzte

Note schuf eine klare Trennung zwischen gut (1 bis 3) und schlecht (4 bis 6).

Mit der Reform der gymnasialen Oberstufe wurden in den oberen Klassen und Kursen die Noten 1 bis 6 durch ein System mit 15 Punkten ersetzt: 13 bis 15 Punkte entsprechen der Note 1, 10 bis 12 Punkte der Note 2 und so weiter. Die Note 6 – ungenügend – entspricht null Punkten.

Die DDR verwendete nach dem Krieg ein fünfstufiges Notensystem, das nach der deutschen Wiedervereinigung 1990 an die westlichen Standards angepasst wurde. Zu diesem Zweck wurden die DDR-Noten um den Faktor 1,2 oder 1,3 heruntergerechnet – sehr zum Ärger der Menschen aus dem Osten.

Das Ziel, alle Schulabschlüsse in den einzelnen Bundesländern vergleichbar zu machen, erreichte das Notensystem nicht. Zu unterschiedlich sind die Lehrpläne. Zwar stoppte das Bundesverfassungsgericht die Praxis, die Abiturnoten bestimmter Bundesländer bei der Vergabe von Studienplätzen herunterzustufen, was aber nichts an der Tatsache ändert, dass ein in Bayern erworbenes Abiturzeugnis von akademischen Institutionen und der Wirtschaft deutlich besser bewertet wird als zum Beispiel ein solches aus Bremen.

Kopfgesteuert?

Heftig gestritten wird nach wie vor über den Sinn von Kopfnoten. Je nach Weltanschauung und politischer Ausrichtung der Regierung gibt es sie in den Zeugnissen oder auch nicht. Nordrhein-Westfalens schwarz-gelbe Landesregierung führte 2007 gleich sechs Bewertungskategorien ein – Leistungsbereitschaft, Selbständigkeit, Sorgfalt, Verantwortungsbereitschaft, Konfliktverhalten und Kooperationsfähigkeit –, nur um 2008 drei davon wieder zu streichen. 2010 wechselten die Farben der Regierung von Schwarz-Gelb nach Rot-Grün und die Kopfnoten wurden nach Protesten der Gewerkschaften und einem Teil der Elternschaft wieder komplett abgeschafft.

Das Notensystem gleich komplett abzuschaffen, versuchen Reformpädagogen seit dem 19. Jahrhundert. Waldorf- und Montessori-Schulen kamen ohne Benotung aus. Die Begründung: Zensuren erzeugen unnötigen Druck und geben den Leistungsstand eines Schülers nur ungenügend wieder. Ersetzt wurde die Benotung durch pädagogische Gespräche und umfassende schriftliche Berichte. Die Behauptung, dass Waldorf-Schüler in der Abiturprüfung ihren Namen tanzen können müssen, ist ein ziemlich dummes Vorurteil.

Ohne Noten kommen auch die ersten beiden Jahrgänge der Grundschulen aus. Statt zu benoten, erfreuen sich

Grundschullehrer am Schreiben von Berichten und Gutachten – die dann viele Eltern zum Anlass nehmen, sich den Kopf darüber zu zerbrechen, welche Zensur denn nun gemeint sein könnte.

Einführung der Schulpflicht – und wie es weiterging

Geh ich hin oder nicht? – Schulpflicht

Es war der preußische König Friedrich Wilhelm I., der im Jahr 1717 durch ein königliches Edikt bestimmte, dass jedermanns Kinder die Schule zu besuchen hätten. Andere Herrscher in anderen Ländern folgten ihm im Laufe der Zeit, aber es sollte noch bis ins 19. Jahrhundert dauern, bis diese von oben herab bestimmte Schulbesuchspflicht sich allgemein durchsetzte. Der regelmäßige Schulbesuch, wie wir ihn heute kennen, ist also eine Errungenschaft aus neuerer Zeit. Ganz so genau nahm man es aber nicht damit, denn besonders die Familien auf dem Lande waren auf ihre Kinder als Arbeitskräfte angewiesen. Deshalb mussten diese oft am frühen Morgen noch vor der Schule regelmäßige Arbeiten auf dem Bauernhof wie das Füttern der Tiere oder das Melken erledigen – erst dann machten sie sich auf den Schulweg. Wenn es zum Beispiel um Erntehilfe ging, ließ man Schule gleich komplett Schule sein. Auch die Kinder von Handwerkern verpassten manche Unterrichtsstunde. Durchgängige schulische Unterweisung war das Vorrecht der Kinder wohlhabender bürgerlicher Familien – die ländliche Jugend drängte ihre Eltern nicht unbedingt dazu, diesen Zustand zu ändern …

Eine neuerliche Diskussion über die Schulpflicht kam 2019 auf, als internationale Schulschwänzer für die Rettung der Welt demonstrierten. Der Erfolg für das Weltklima hielt sich in Grenzen, aber viele Eltern und Großeltern hatten Verständnis für die Schulaussteiger, weil sie in ihrer Kindheit und Jugend Ähnliches angestellt hatten. Zu den Forderungen der engagierten Kids wäre anzumerken, dass sie eine wichtige Sache vergessen haben: Warum fährt wohl ein Mensch mit einem speziellen Führerschein den Schulbus und nicht der kleinste und jüngste Schüler?

Das erste Abitur

Das erste Reifezeugnis – so die Schulgeschichte – wurde 1788 in Preußen ausgestellt. Es galt als ein Beleg für die Eignung zu einem Universitätsstudium, und das unabhängig von Herkunft, Besitzstand und sozialem Status des Schülers. Das war für die damalige Zeit neu. Anders als heute erhielt ein Schüler dieses Zeugnis nicht automatisch, sondern bei Bedarf auf Nachfrage und gegen eine zu zahlende Gebühr. Noten für die Leistungen in den durchlaufenen Schuljahren enthielt es nicht.

18. und 19. Jahrhundert

Unterrichtsvorbereitung: vielfältige Aufgaben

Während heute ein Lehrer für eine Unterrichtsstunde nur einen einzigen Themenbereich vorbereiten muss, standen die Lehrer in der Dorfschule der Vergangenheit vor dem Problem, dass ja Schüler aller Klassenstufen in einem Raum saßen.

Zunächst einmal war es seine Aufgabe, überhaupt für Umstände zu sorgen, in denen Unterricht stattfinden konnte. Zu diesem Zweck wirkten die geforderten Pädagogen allgemein-erzieherisch mit folgenden Merksätzen auf ihre Schüler ein, um halbwegs die Oberhand zu behalten:

Frisch gewaschen und gekämmt,
Hals, Gesicht und auch die Händ,
willst du dir dein Näslein putzen,
darfst du nicht den Ärmel nutzen
und ein reines Taschentüchlein
darf auch nicht vergessen sein.

Darüber hinaus ging es um den Inhalt des Unterrichts: Der Pädagoge musste passende Aufgaben für jedes Kind und jede Altersstufe bereithalten, durchaus ein anspruchsvolles Problem – das aber mit der Zeit immer kleiner wurde, weil der Lehrer jedes Jahr wieder den gleichen Stoff aus seinem Gedächtnis hervorkramte. Die Schüler allerdings profitierten von dem vielfältigen Angebot, denn besonders die intelligenteren unter ihnen sahen sich schon einmal mit dem Stoff des nächsten Jahres konfrontiert – und lernten einfach mit, was für die älteren Jahrgänge bestimmt war. Unterforderung war in diesem Klassenverbund kein Problem. Bei Überforderung der jungen konnten die älteren Schüler helfen.

Lesen und Schreiben

Das Fach Deutsch war in zwei Teile zerlegt, Lesen und Schreiben beschränkte sich in der Schule der Vergangenheit allerdings wirklich auf die einfachsten Befähigungen. Grammatik oder Textinterpretation war nicht einmal im Entferntesten ein Thema, dafür hatte aber noch das Schönschreiben seinen Platz im Unterricht. Manche Unterrichtsstunde bestand darin, dass die Schüler einen Text von der Tafel in ihr Heft übertrugen – in Schönschrift. Man tendiert vielleicht dazu, das für eine nutzlose Tätigkeit zu halten, aber zum einen trug das Fach Schönschreiben erheblich zur Arbeitsruhe und Konzentrationsfähigkeit der Schüler bei, zum anderen war es der Grund dafür, dass viele junge Erwachsene eine lesbare Handschrift erwarben. Geschrieben wurde, wie andernorts erwähnt, meist auf eine Schiefertafel. In späteren Jahren benutzten die Kinder ein besonders liniertes Schönschreibheft.

Schreibübungen wurden häufig durch mehr oder weniger gereimte Merksätze unterstützt. Der Buchstabe »i« zum Beispiel gelang weitaus besser, wenn die Lehrerin das Tun der Schüler mit dem Merksatz unterstützte: »Rauf, runter, rauf – Pünktchen obendrauf!«

Die gegliederte Welt der Schulen entsteht

Dem Bürgertum des frühen 19. Jahrhunderts ist zu verdanken, dass es nicht bei Lateinschulen und humanistischen Gymnasien geblieben ist. Auch die frühen Formen der Volksschule lieferten nicht das an Ausbildungsqualität, was sich die Beamten, Advokaten und Geschäftsleute für ihren Nachwuchs wünschten. Es entstanden die so genannten Bürgerschulen mit einem an alltäglichen praktischen Bedürfnissen orientierten Unterricht. Aus den Bürgerschulen entwickelten sich später die so genannten Mittelschulen, die wiederum als Vorläufer der heutigen Realschulen – so heißen Schulen dieser Art seit 1959 – gelten können. Auch die Berufsschulen – ein anderer Zweig – haben hier ihren Ursprung. Als ein wichtiger Teil des Fächerkanons wurden an den Mittel- und Realschulen die neueren Fremdsprachen Englisch und Französisch und das gewerbliche Rechnen unterrichtet. Der Anteil an Mädchen unter den Schülern war recht hoch, Jungen schickte man zum Gymnasium.

Die Volks- und Dorfschule

Unter einer Volksschule verstand man im 19. Jahrhundert eine Lehranstalt für die große Masse der schulpflichtigen Kinder mit der Aufgabe, ihnen das grundlegende Wissen und Können zu vermitteln. Das leistete die Volksschule zunächst nur in der Theorie, obwohl es schon im 18. Jahrhundert eine allgemeine Schulpflicht gab. Erst im Laufe des folgenden Jahrhunderts kam die Schule zu allen Kindern. Auf dem Land zeigte sie sich als einklassige Dorfschule, in der ein Lehrer die unglaubliche Anzahl von bis zu hundert Schülern unterschiedlichen Alters unterrichtete. Verständlich, dass man zunächst glaubte, den Kanon der unterrichteten Fächer einschränken zu müssen. In der städtischen Volksschule war der Lehrstoff in den Fächern Lesen, Schreiben und Rechnen weitaus umfangreicher, auf dem Land dagegen Religion ein dominierendes Hauptfach, das erst in den 1870er-Jahren an Bedeutung verlor. Von diesem Zeitpunkt an zählten auch Naturlehre, Erdkunde und die Geschichte des Vaterlands zu den Unterrichtsthemen, auf dem Land wie in der Stadt. Die städtischen Volksschulen waren allerdings im Vergleich zur ländlichen Dorfschule ausgezeichnet ausgestattet. So verfügten sie über drei oder mehr Klassenräume.

Das Gymnasium

Das humanistische Gymnasium bildete sich Anfang des 19. Jahrhunderts heraus und stellte das Gesamtpaket an Bildung dar. Der Abschluss dieser Schulform, das Abitur, war die Startrampe für ein Studium an den Universitäten, für Karrieren im Staatsdienst und in den freien Berufen. Hervorgegangen aus den Lateinschulen, bildeten besonders anfangs die klassischen antiken Sprachen Latein und Griechisch und die antike Kultur das Zentrum des Unterrichts. Parallel nahmen andere Oberschulen die modernen Sprachen und Naturwissenschaften in ihren Fächerkanon auf, jedoch qualifizierte der Besuch einer derartig ausgerichteten Schule erst ab 1900 zum Universitätsstudium.

Privatlehrer und Gouvernante

Bis 1920 waren Kinder von der allgemeinen Schulpflicht befreit, wenn sie Privatunterricht erhielten. Solchen erteilten Hauslehrer oder Hofmeister oder eine Gouvernante. Diese ebenso anspruchsvollen wie schlecht bezahlten Tätigkeiten übten im 19. Jahrhundert Universitätsabsolventen aus, denen andere berufliche Wege verschlossen geblieben waren.

Der Beruf der Gouvernante oder Erzieherin war eine der wenigen Möglichkeiten für kultivierte ledige Frauen, selbstständig ihren Lebensunterhalt zu verdienen. Häufig wurde der Privatunterricht auch »ausgelagert«: Jungen wohlhabender Familien besuchten Internate, »höhere Töchter« Mädchenpensionate.

Von 1990 bis heute

Neue Schulformen und -reformen

Bei dem Versuch, das Schulsystem für viele Schüler durchlässiger zu machen und einen Wechsel zwischen den einzelnen Angeboten zu erleichtern, bildeten sich gegen Ende des 20. Jahrhunderts zahlreiche neue Schulformen heraus. Da aber Schule in Deutschland Ländersache ist, entstand ein Durcheinander von Schulen mit undurchschaubaren Benennungen und inkompatiblen, nicht miteinander abgestimmten Lerninhalten, von einer Vergleichbarkeit der Abschlüsse ganz zu schweigen. Kaum jemand vermag zu erklären, was der Unterschied zwischen der Integrierten und einer Kooperativen Gesamtschule ist. Volksschule – Realschule – Gymnasium war deutlich einfacher.

Schule stellte schon immer einen Kosmos für sich dar. Wer sein Heim verließ und sich auf den Schulweg machte, wechselte in ein völlig unterschiedliches Umfeld mit eigenen Regeln, an die sich die Schüler halten mussten, was sie aber nicht immer taten. Manchmal waren die Bestimmungen des schulischen Lebens sinnvoll und verständlich, ein andermal widersprachen sie dem gesunden Menschenverstand und vor allem auch den Wünschen der Schüler. In einem solchen Fall machte es ihnen besonderen Spaß, Regeln zu brechen …

Von vorgestern bis 1970

Der Schulranzen – und was drin war

Angefangen hat alles mit dem Tornister, wie ihn auch Soldaten trugen, einer Art Rückentasche. Ein Rahmen aus Holz war mit Segeltuch, Kalbsfell oder Leder bespannt und so mit Riemen versehen, dass man ihn auf dem Rücken tragen konnte. Mit der Zeit wurde der etwas leichtere Schulranzen daraus, wie wir ihn noch heute kennen – aber meist durch einen Schulrucksack ersetzen.

Mitte des letzten Jahrhunderts war dieser Schulranzen aus Leder, aus schwerem Leder, um es genauer zu sagen, und das war er dann auch: schwer. Und das bereits ohne einen einzigen Gegenstand darin. Es musste aber einiges hinein: das Lesebuch, ein Sprachbuch, ein Rechenbuch und ein Katechismus für den Religionsunterricht. Die Schiefertafel mit der Linienseite für die Schreibübungen und der Karoseite fürs Rechnen, ein Griffelkasten mit einem oder mehreren Griffeln zum Schreiben auf der Tafel, ein kleines Döschen mit einem feuchten Schwamm darin, um das Geschriebene wieder auszuwischen. Wobei dieser Schwamm entweder in der Dose zerbröselte, weil er zu trocken war, oder aber zum Himmel stank, weil er in einer feuchten Brühe voller unerforschter organischer Verbindungen schwamm, darunter so manches unentdeckte Antibiotikum. Deshalb wurde er an vielen Schulen gegen ein geeignetes Tafelläppchen ausgetauscht.

Für den Kunstunterricht mussten ein DIN-A4-Zeichenblock und ein Wasserfarbenkasten mitgebracht werden. Und dann gab es noch eine Dose mit Schulbroten, die sich auch hin und wieder öffnete und ihren Inhalt im ganzen Schulranzen verteilte. Im Lauf von einem oder zwei Schuljahren bildete sich darin ein ganz eigenes Biotop. Jeden Schüler belastete sein Gewicht: Alles zusammengerechnet, wog ein solcher Tornister gefühlte 100 Kilo.

> Von vorgestern bis 1970

Von Kreide, Schiefer und Gänsekielen

Als Schreibmaterial dienten in der Schule der fernen Vergangenheit vielfach Holztafeln mit einer Wachsplatte. Diese wurden mit spitzen Griffeln aus Holz, Metall oder Knochen beschrieben. Das andere, breitere Ende des Griffels diente als »Radiergummi« – damit wurde das Wachs geglättet, damit die Tafel wieder neu beschrieben werden konnte.

Manche Kinder wohlhabender Eltern schrieben in den Klosterschulen aber auch auf sündhaft teurem Pergament, hergestellt aus den Häuten ungeborener Schafe und Ziegen, für den Durchschnittsschüler unerschwinglich teuer.

Gegen Ende des Mittelalters kamen Schiefertafeln auf, die man mit Kreide- oder Metallgriffeln beschrieb. Diese wurden in einem Griffelkasten im Tornister mitgeführt. Die Schiefertafel zeigte auf der einen Seite Schreiblinien, auf der anderen Seite Rechenkaros. Weil Schiefer sehr bruchempfindlich war, wurde die Tafel in einem sogenannten Tafelschoner aus Pappe transportiert. War man fertig mit einer Aufgabe, wurde »ausgeputzt«, was auf der Tafel geschrieben stand. Dazu verwendete man das bereits genannte, mehr oder weniger feuchte Schwämmchen aus der Schwammdose. Ob zu trocken oder zu nass: Das Abwischen war oft eine ziemliche Schmiererei.

Abgetrocknet wurde die Tafel mit einem Lappen, den jeder Schüler mit sich führte und der oft selbstgehäkelt war. Dieses praktische Stück Textil flatterte mit einer Schnur am Tornister, sodass es viel Luft abbekam und gut trocknen konnte. Schiefertafeln wurden bis in die 1970er-, regional sogar bis in die 1990er-Jahre benutzt. Vielerorts kam aber auch die weniger bruchgefährdete Tafel aus Kunststoff in Gebrauch.

Während sich die Schulanfänger mit der Schiefertafel abmühten, lernten ältere Jahrgänge das Schreiben mit dem Federkiel. Die dazu benötigte Tinte füllte der Lehrer aus einer großen Flasche in kleine Tintenfässer, für die in der Schulbank eigens eine Vertiefung vorgesehen war. Der

Federkiel wurde aus einer Gänsefeder hergestellt, seine Spitze musste während des Schreibens immer wieder ins Tintenfass getaucht werden, weil der Vorrat im Federkiel nur für wenige Buchstaben ausreichte. Dabei musste man mit großer Sorgfalt vorgehen, was nicht allen Schülern gelang; Tintenkleckse waren an der Tagesordnung und es gab keinen Tintenkiller, welcher derartige Sauereien beseitigen konnte. Mehr noch: Bei der verwendeten Tinte handelte es sich um ausgesprochen dokumentenechte Eisengallustinte – diese Flecken kriegte niemand mehr raus.

Geschrieben wurde übrigens nicht in der heute üblichen lateinischen Ausgangsschrift, sondern in Sütterlin.

Dieser Satz sieht in Sütterlin-Schrift etwas anders aus.

Dieser Satz sieht in Sütterlin-Schrift etwas anders aus.

So etwa um das Jahr 1972

Tintenkiller: das Ende der Sorgfalt

Irgendwann endete die Zeit der blauschwarzen Eisengallustinte aus dem Tintenfass. Die neue Tinte war königsblau und wurde entweder in den Füllfederhalter eingesaugt oder kam in Patronen zum Einsatz. Sie war auch nicht mehr ganz so dokumentenecht: Was in Königsblau geschrieben wurde, war eines Tages nicht mehr endgültig, denn seit

1972 gab es so etwas wie einen Zauberstab, der Tinte zum Verschwinden brachte: den Tintenkiller von der Firma Kreuzer. Einige Schüler kauften auch einen Tinten-Tiger von Pelikan. Diese Wunder in Form von Filzstiften befreiten sie von einer ihrer Urängste: sich verschreiben.

Bevor die Farbstoffe löschenden Chemikalien in Stift-form auf den Markt kamen, passierten nämlich bei den Hausaufgaben immer wieder unabänderliche Tintenka-tastrophen. Neben dem Sich-Verschreiben stellten auch Tintenkleckse ein ernsthaftes Problem dar. Sollte man das Malheur durchstreichen und das ganze Wort neu schrei-ben? Hässlich! Die ganze Seite aus dem Heft trennen und alles noch mal runterpinseln? Puh! Das Heft war ohnehin schon so dünn geworden …

Ab 1972 war dann alles ganz einfach: den falschen Buchstaben löschen, mit der anderen (Filzstift)-Seite des Tintenkillers den richtigen an seine Stelle setzen – fertig! Ein neuer Fehler im nächsten Satz? Macht nichts, wird einfach weggekillt!

So killte sich der durchschnittliche Schüler dann durch seine Hausaufgaben. Ein bisschen sah man es schon, denn bei häufigem Gebrauch gab es regelrecht durchweichte Stellen, und mit der Zeit entstanden Hefte, in denen mehr gekillt wurde als geschrieben. So kam es, dass mancher Lehrer die wunderbarste Erfindung des 20. Jahrhunderts für seine Schüler verbot. »In meinem Unterricht wird nichts und niemand gekillt!« Weil man so keine Rechtschreibung lernen könne. Und das war das Ende des Tintenkillers.

Englisch lernen: das Komplettpaket

Die einzigen Fremdsprachen, die über Jahrhunderte in der Schule auftauchten, waren Latein und Griechisch. Lebendige Sprachen wie Englisch oder Französisch kamen nicht vor; Kinder wohlhabender Familien erlernten sie in Privatschulen oder erhielten zu Hause Privatunterricht. Gegen Mitte des 20. Jahrhunderts nahm allerdings der Anteil von Schülern aus nicht akademischen Familienverhältnissen stetig zu, und qualifizierte Pädagogen brachten auch den Söhnen und Töchtern von Arbeitern und kleinen Angestellten die Weltsprache Englisch bei.

»This is a cup!« Dies waren die ersten Worte, die ich in meinem Leben als Schüler im Englischunterricht hörte und die ich nie vergessen werde. Ausgesprochen wurden sie von Oberstudienrat Palmholz, einem distinguierten Gentleman im zweireihigen Anzug mit Weste, der aus Gründen der pädagogischen Anschaulichkeit auch tatsächlich Tasse und Untertasse aus seiner Aktentasche hervorholte und uns präsentierte. Er sollte uns auch in den kommenden Jahren weiter auf derart einfache Art und Weise an die englische Sprache heranführen. An der Übersetzung seines Namens mühten sich manche respektlosen Schüler ab, denn mit dessen erstem Teil »Palm« könnte ja auch eine Stechpalme, englisch »holly«, gemeint sein, und dann würde die adäquate Umsetzung seines Namens »Mr Hollywood« lauten, was seinen Fans in der Klasse aber viel zu amerikanisch war. Er brauchte keinen Spitznamen – er war einfach gut.

Vom Zappelphilipp zu ADHS

Gehorsam, Fleiß, Ordnung und Sauberkeit – das waren lange Zeit die wichtigsten Lernziele, die allerdings in großen Klassen schwer zu erreichen waren. Es lag vor allem an der hohen Zahl der Kinder in der Klasse, dass die Lehrer eiserne Disziplin einfordern mussten – oder wollten. Man erwartete von den Schülern, dass sie in aufrechter Körperhaltung in ihren Bänken saßen – die damalige Pädagogik stellte eine Verbindung zwischen der äußeren und der inneren Haltung der Kinder her, die aber nicht einen Gedanken an deren eigene Bedürfnisse verschwendete. »Die Füße der Schüler müssen mit ihrer ganzen Sohle auf dem Boden oder Fußbrette ruhen« hieß es so oder ähnlich in der Schulordnung jener Tage.

Auch durften die Schüler nur reden, wenn sie einen Beitrag zum Unterricht leisten konnten oder vom Lehrer befragt wurden. Flüstern, eine Unterhaltung mit dem Nachbarn oder lautstarkes Rufen wurde hart bestraft, zum Beispiel mit Stockschlägen. Außerdem wurde als Zappelphilipp bezeichnet und ausgelacht, wer gegen diese Regeln verstieß. ADS oder ADHS hatte niemand.

»Du, Frollein …«

Hach, war das niedlich, als Erstklässler ihre Lehrerinnen noch liebten! Die unverheirateten Lehrerinnen hießen vorn noch Fräulein, waren also erwachsene kleine Frauen, wurden aber von ihren Erstklässlern aus schierer Unwissenheit geduzt – »Du, Frollein, ich muss mal!« – und nutzten niedliche pädagogische Weisheiten, um ihre lieben Kleinen zu erziehen. »Stille sitzen, Öhrchen spitzen, Händchen falten, Mündchen halten!« hieß eine ihrer Regeln – oder sollte man lieber sagen: einer ihrer Zaubersprüche? Denn tatsächlich – es wirkte! Ein Mal ausgesprochen, und es herrschte Ruhe in der ersten Klasse. Manchmal war es auch ein weniger niedlicher Sinnspruch, der es vom Ende des 19. Jahrhunderts bis in das 20. Jahrhundert geschafft hatte: »Hände falten, Schnabel halten, Kopf nicht drehen, mich ansehen!«

Gern erinnert sich mancher an diese Zeiten, als Kinder noch Kinder waren und keine sozialen Problemfälle. Lehrer und vor allem Lehrerinnen waren für Schulanfänger ganz besondere Wesen, groß, schlau und lieb, und man konnte sie von unten nach oben mit großen Augen und einem verklärten Gesicht anschauen und bewundern. Beliebte Lehrerinnen wurden von ihren Kindern verfolgt wie die Gänsemutter von ihren Gösseln, ein besonders passendes Bild, denn heftig geschnattert wurde ebenfalls. Eine verspielte

Zuneigung ersetzte frühkindlichen Leistungshorror, denn die Kinder fanden in der Schule das, was sie am allermeisten brauchten: eine Bezugsperson. Sie mussten nicht mit Winkelzügen zu autonomem Lernen motiviert werden; sie gaben sich bei dem, was sie taten, Mühe – in der Hoffnung auf eine sehr einfache Belohnung, nämlich den Satz: »Das hast du gut gemacht!«

Im Falle eines mir bestens bekannten Schülers führte die Liebe zur Lehrerin zu geradezu anarchistischen Zuständen: Von Sympathie umwölkt, lenkte das Schülerhirn den kleinen Jungen immer wieder in den falschen Klassenraum, nämlich in die Klasse 1a, in der Fräulein Schulze-Fröhlich unterrichtete – bis eines Morgens der Rektor und Lehrer Teske trotz bereits begonnenen Unterrichts dafür sorgten, dass der fehlgeleitete Schüler künftig in die 1b zu gehen hatte. Lehrer Teske war ein Herr mittleren Alters mit Brille, leichtem Bauch- und Glatzenansatz und strengem Blick – kein Vergleich zu Fräulein Schulze-Fröhlich! Die Folge: der erste Liebeskummer …

Bis 1990

In Reih und Glied

Manchen beschleichen wehmütige Erinnerungen, wenn er an die Zeit denkt, als die Kinder sich noch vor Unterrichtsbeginn aufstellten – warum nur?

Grundschule: Hunderte von Kindern toben auf dem Schulhof herum. Es klingelt zum Unterricht, die Kinder sammeln sich, es bilden sich kleine Gruppen, und beginnend mit einem Paar, stellen sie sich nach und nach in Zweierreihen auf, kommen zur Ruhe. Die Lehrerin tritt aus dem Gebäude, zieht die Aufmerksamkeit der Kinder mit einem Kopfnicken auf sich und führt sie anschließend in die Klasse. Die Kinder stellen ihre Tasche neben die Bank, begrüßen die Lehrerin formell mit einem kraftvollen Gruß: »Guten Morgen, Frau Klein!«, setzen sich, sind engagiert und konzentriert. Der Unterricht kann beginnen.

Kalte Realität: Grundschule: Hunderte von Kindern toben auf dem Schulhof herum. Es klingelt zum Unterricht, sie toben weiter, tröpfeln so langsam ins Schulgebäude hinein, die Treppen hinauf, raufen, kugeln umeinander, schreien und beschimpfen sich gegenseitig, rennen in die Klasse, feuern ihre Taschen irgendwo auf den Boden und andere Gegenstände quer durch den Raum, stolpern darüber, schreien, dass der Putz von den Wänden fällt, fläzen sich auf das Gestühl oder wüten ganz nach Belieben weiter. Der Lehrer tritt in die Klasse, wird zuerst überhaupt nicht bemerkt, dann ignoriert, schreit sich die Seele aus dem Leib, bis endlich Ruhe ist … Auch hier kann der Unterricht beginnen, Erfolg fragwürdig.

Gut, das war etwas übertrieben. Aber ist man rückständig, wenn man einfache Regeln für sinnvoll hält, die »fortschrittliche« Pädagogen als paramilitärisch diskriminieren? Wenn er so toll und Gewinn bringend für das soziale und inhaltliche Lernen ist: Warum strapaziert der Chaotenstart mit Herumblöken und wildem Toben im Treppenhaus das Nervensystem eines Lehrers so sehr?

Bis 1970, mancherorts länger

Der Schulweg ohne Schulbus

Welcher Schüler kann das heute noch: den ganzen Schulweg zu Fuß gehen, den Tornister auf dem Rücken oder an einem Riemen hinter sich her schleifend, bei Opa Hilchenbach Pflaumen klauen, den Hund von Familie Demmer ein bisschen ärgern, aufpassen, dass man auf den Gehwegplatten nicht auf die Striche tritt, warten, bis der Regen vorüber ist, unheimlich viele Eicheln und Kastanien aufsammeln, zwischen den Kieselsteinen an der Baustelle nach Diamanten suchen – und auch fast welche finden – und mittags mehr als eine halbe Stunde zu spät nach Hause kommen? Zur Strafe soll das Mittagessen ausfallen, meint Mutter, und was wird wohl Vater dazu sagen, ab aufs Zimmer mit dir! Aber Mutter kommt die Bestrafung doch zu hart vor, sie bringt einen Teller mit Milchreis und Zimt in das Verlies des Schwerverbrechers.

Mit dem Fahrrad zur Schule: den alten Drahtesel mit den klappernden Schutzblechen hassen, den Tornister irgendwie auf den Gepäckträger quetschen, den ganzen Schulweg lang fluchen, weil es immer nur bergauf geht, alle paar Hundert Meter Pause machen, weil du aus der Puste bist, sich schon auf den Rückweg freuen, weil es dann immer nur bergab gehen wird. Nach der Schule nach Hause fahren, über den einsetzenden sommerlichen Wolkenbruch schimpfen, das alte, halb vergammelte Regencape hervorkramen, darunter unerträglich schwitzen, während sich der Regen durch Löcher und Ritzen doch einen Weg nach innen sucht. Über den Lenker fliegen, weil sich eines der klappernden Schutzbleche komplett gelöst und zwischen die Speichen geklemmt hat. Mit blutenden Knien und einer Beule am Kopf nach Hause kommen, von Mutter bestens versorgt werden …

Mit der Straßenbahn zur Schule fahren: sich freuen, wenn eine neue Bahn und nicht der alte klapprige Triebwagen kommt, beim Schaffner die Fahrkarte kaufen, einen Sitzplatz ergattern oder hinten auf der Plattform an einer Stange hängen, den Tornister zwischen den Beinen, mit Klassenkameraden herumturnen und an den Halteschlaufen jonglieren, die anderen Fahrgäste ärgern und an der nächsten Haltestelle aus der Bahn geworfen werden …

Oder doch lieber keine Straßenbahn, das Fahrgeld sparen, davon ein Stückchen Kuchen kaufen? Was für ein Zufall, da ist eine Bäckerei gleich neben der Straßenbahnhaltestelle …

Die Sensation: motorisiert zur Schule

Es gehörte zu den Privilegien meiner frühen Existenz als Schüler, auf einem motorisierten Zweirad mitfahren zu dürfen. Einer meiner Klassenkameraden in der Oberprima hatte ungefähr den gleichen Schulweg zum Gymnasium oder fuhr regelmäßig einen kleinen Umweg, um mich abzuholen, denn ich beteiligte mich an seinen Spritkosten. Für mich sah ich den Vorteil in dieser Sache darin, dass ich glaubte, einen Teil des Geldes für die Monatskarte einsparen zu können. Das funktionierte, solange das Wetter gut war. Wenn es regnete, musste ich die teuren Einzelfahrscheine der Straßenbahn lösen oder hinten auf dem Moped pitschnass werden …

Das hatte ein Ende, als der Sohn des Eisenwarenhändlers trotz seiner Jugend einen Automobilführerschein erhielt. Was den Sinn hatte, den nicht mehr ganz gesunden Vater bei Transportfahrten für das Geschäft zu entlasten. Der Sohn nutzte den Wagen – einen für die damaligen Verhältnisse unglaublichen Kadett Rallye mit 90 PS – vor allem für die Fahrt zur Schule, und ja, ich ließ den Mopedfahrer Mopedfahrer sein – was ist schon eine Kreidler Florett gegen ein schnelles Auto?

Das alles war anstrengend, umständlich, unbequem und oft ein organisatorisches Fiasko, aber Abenteuer pur.

Der Schulbus ist bequemer. Aber für Weicheier.

Draußen spielen

Eine besonders gute und bedeutende Erinnerung an Schule ist diese: Es gab Zeiten, zu denen Schüler nichts – buchstabiert: n-i-c-h-t-s – mit der Schule zu tun hatten. Früher hatte Schule nämlich die angenehme Eigenschaft, den Schülern Freizeit zu lassen – Freizeit im Kopf und auch tatsächliche Freizeit, nämlich solche ohne pädagogisch wertvolle Tätigkeiten im heutigen Sinn. Nun, da gab es die Hausaufgaben, aber jeder durchschnittliche Schüler konnte sie in kurzer Zeit bewältigen oder manches auf den nächsten Tag verschieben – große Pause, Schülerklo. In den Nachmittag hinein wirkte Schule eigentlich nur, wenn es in Mathematik Textaufgaben gab, an deren Lösung sich Vater oder Mutter beteiligten. Das konnte dann schon familiäres Chaos verursachen und endete entweder – Aufgabe gelöst – in einer kleinen internen Feier heimischer Intelligenz oder – Aufgabe nicht gelöst – in einer wüsten Beschimpfung des Mathematik unterrichtenden Pädagogen und des Faches an sich. Auf jeden Fall ein schönes gemeinschaftliches Erlebnis für die ganze Familie.

Im Regelfall gehörte der Nachmittag aber den Schülern oder Schülerinnen, die ab, sagen wir einmal, fünfzehn Uhr keine Schüler oder Schülerinnen mehr waren, sondern einfach Kinder. Es waren vor allem die Jungen, die voller Tatendrang nach draußen strebten, auf einer Wiese oder einem brachliegenden Grundstück herumtollten (mit Vorliebe an verbotenen Orten) oder einfach durch die Gegend liefen, bis sie Freunde trafen und beschlossen, irgendetwas gemeinsam anzustellen. Fußballspielen war dann noch eine relativ naheliegende und einfache Tätigkeit. Fahrräder und Tretroller – wir fuhren ganz ohne Helm – erweiterten unseren Aktionsradius beachtlich.

Als echte Ruhrgebietskinder kletterten wir auf die Abraumhalden der Zechen, die oben ein Dschungel aus Birkenbäumen voller Distelfalter bedeckte, wälzten uns in der dort reichlich vorhandenen roten Asche, sprangen auch einmal auf einen der langsam fahrenden Züge der Zechenbahn auf, angelten im Bombentrichter nach Fischen und Molchen, bauten uns Buden und machten Feuer, belauerten und bekämpften einander in Bandenkriegen und ritten auf nicht existenten Pferden, denn wir spielten als Cowboys und Indianer abenteuerliche Geschichten nach, die wir in Fernsehserien wie »Am Fuß der blauen Berge« oder »Die Leute von der Shiloh-Ranch« gesehen hatten. An weniger wilden Nachmittagen bastelten wir Schwalben aus Papier oder spielten mitten auf der Straße Federball – und das alles, ohne auch nur ein einziges Mal an Schule zu denken. Keine karriereorientierte Mutter fuhr uns zur Nachhilfe, zum Klavierunterricht oder zu »Play Dates« mit den klassenbesten Schülern oder Schülerinnen, als könne deren Begabung auf uns abfärben. Die einzige elterliche Anweisung, die wir mitbekommen hatten, war diese: Wenn die Lampen – gemeint waren die Straßenlaternen – angehen, kommst du nach Hause! Na ja, ganz pünktlich waren wir nicht immer. Je pubertärer wir wurden, desto spannender fanden wir die Treffen zum Beispiel auf einem Spielplatz an einem langen Sommerabend. Oft ergaben sich erste liebende Verbindungen – ganz ohne Onlinedating.

Übrigens beteiligten sich die jüngeren Mädchen nicht an den wilden Expeditionen der Jungen. Sie spielten lieber nahe beim Haus mit ihren Puppen, übten sich in Gummitwist oder Hinkekästchen, genossen aber dieselben Vorteile wie die Jungen: Die Schule war weit weg und würde erst am nächsten Morgen wieder Macht über sie gewinnen.

So bleibt die Frage: Warum setzen sich Erwachsene heute mit Vehemenz für die artgerechte Haltung von Tieren ein, schaffen es aber nicht, diese Regeln für den eigenen Nachwuchs anzuwenden?

Eigentlich immer

Pfuschen

Irgendwie träumt wohl noch heute jeder etwas weniger gute Schüler davon, in Klassenarbeiten oder Tests den eigenen Standard durch gewisse Tricks und Hilfsmittel anzuheben, also zu täuschen und zu betrügen. Anders als heute waren bis in die letzten Jahre des 20. Jahrhunderts wirklich brauchbare technische Hilfsmittel – zum Beispiel Bluetooth-Geräte wie Smartwatches – noch nicht verfügbar, man war auf die eigene Geschicklichkeit und ziemlich rustikale Tricks angewiesen. Formelsammlungen auf der blanken Haut haben ihre Existenz bis in die heutigen Tage bewahren können, sie erhielten in den späten 1960er- und frühen 1970er-Jahren neues Verschleierungspotenzial durch die Erfindung des Minirocks: Der weibliche Oberschenkel und alle darauf festgehaltenen Informationen waren für den Lehrer zunächst einmal Sperrgebiet und Peinlichkeitsschutzzone. Informationszentrale in Realschule und Gymnasium war lange Zeit das Schülerklo, wo – je nach baulichen Gegebenheiten und anberaumten Kontrollen durch die Schulleitung – zumindest Formelsammlungen, manchmal aber auch ganze Bibliotheken untergebracht werden konnten, die sich während einer Klassenarbeit regen Besuchs erfreuten. Was kann ein Schüler oder eine Schülerin auch für eine schwache Blase?

Schülerfantasien nahmen allerdings auch schon die Zukunft vorweg. Die Wanze, bekannt aus James-Bond-Filmen und anderen Agentenstreifen, beschäftigte das Denken leistungsschwacher Schüler, die nur allzu gern ein solches Gerät im Lehrerzimmer deponiert hätten, denen es aber an Kompetenz für den tatsächlichen Einsatz eines solchen Hilfsmittels fehlte. Aber träumen durfte man schließlich …

Wie man den Umgang mit Gewalt lernte

Tritte ins Gesicht, getarnt als asiatische Kampfkunst, waren noch kein Thema, man trug es mit den Fäusten aus: Früher prügelten sich die kleinen Jungs auf dem Schulhof, und als erziehungsberechtigter Elternteil oder als Mitglied des Lehrkörpers konnte man ziemlich sicher sein, dass sie sich an Regeln hielten: Liegt der Gegner auf dem Boden, so gilt er als besiegt. Man schlägt nicht weiter und tritt auch nicht nach ihm. Das hatte der Sohn vom Vater gelernt, deshalb kam es nur selten zu ernsten Verletzungen durch eine Prügelei. Heute verdreschen sich sogar die Mädchen – ein schöner Erfolg der Emanzipationsbewegung – und können sich dabei Verletzungen zuziehen, an deren Folgen sie ein Leben lang leiden. Beste Anleitungen dazu erhalten sie in Spielfilmen und anderen Medienprodukten, in denen übermenschlich starke Models auf alles einschlagen und -treten, was sich ihnen in den Weg stellt. Und seltsamerweise brechen männliche Superathleten unter den Schlägen ihrer winzigen Fäuste in einer Art kollektivem Schwächeanfall gleich im Dutzend zusammen. Es muss eine frustrierende Erfahrung sein, wenn ein Mädchen eine solche Attacke in der Realität versucht.

Milch oder Kakao? Frühstück in der Schule

Schulmilch gibt es heute noch vielerorts – finanziert doch die EU seit Jahrzehnten ein Schulmilchprogramm. Milch hilft besonders Grundschülern, morgens wach und leistungsfähig zu sein, sagt die von der Milchlobby finanzierte Ernährungswissenschaft. Schulkakao und andere zuckerhaltige Milchmixgetränke wie etwa Erdbeer-, Vanille- oder Karamellmilch werden nicht gefördert, auch wenn die zuständige Lobby aberwitzige Behauptungen verbreitet: Gewisse wissenschaftliche Studien dichten dem Kakao geradezu magische Fähigkeiten an: Kakao soll Intelligenzquotienten steigern und die geistige Leistungsfähigkeit erhöhen, dadurch für bessere Schulnoten sorgen und besser für die Zahngesundheit als pures Wasser sein.

Gesundheit und Leistungssteigerungen war den Schülern Mitte des letzten Jahrhunderts egal. Sie standen auf ein besonderes Privileg, und das war der Milchdienst. Sie mussten dem Hausmeister beim Austeilen von Milch und Kakao helfen, denn diese wurden in Kästen zu den jeweiligen Klassen gebracht oder während der Pause an einer Art Kiosk ausgegeben. An manchen Schulen konnte man wählen, ob man sein Getränk erhitzt aus dem Wärmeschrank oder kalt wünschte. In jedem Kasten waren – wenn ich mich recht erinnere – vier mal fünf Flaschen, jede mit einem Aludeckel mit umgeschlagenem Rand auf der relativ großen Trinköffnung. Strohhalme gab es auch dazu. Je nach Wesensart piksten also die Schüler kleine Löcher in den Foliendeckel, um den Inhalt genüsslich Schlückchen für Schlückchen durch den Strohhalm zu saugen, oder sie entfernten radikal den ganzen Deckel und führten sich den Inhalt der Flasche im Sturztrunk zu. Ein Vorteil für die selbstlosen Helfer bei der Verteilung der Getränke: Der betreffende Schüler konnte den Unterricht bereits fünf Minuten vor der großen Pause beenden – er musste ja noch dem Hausmeister zur Hand gehen. Vorteil Nummer zwei: Es blieb immer etwas übrig. Kranke Schüler erschienen nicht zum Unterricht, ihre Milch wurde verschenkt – und wer saß direkt an der Quelle? Und besonders der Schulkakao war ja so was von lecker! Da trank man schon mal ein Fläschchen mehr, es war ja genug da. Mancher dürfte in diesen jungen Jahren den Grundstein für ein umfangreiches Bauchgebäude gelegt haben. Oder die Schüler an der Quelle spielten die Rolle der großen Gönner und verteilten, was übrig war, an ihre Freunde.

> Aus den Zeiten ohne Kopierer,
> also etwa vor 1980

Unerwartete Vergnügungen: Spirit-Carbon

Unterrichtsmaterialien zu vervielfältigen, war in der Schule der Vergangenheit ein großes Problem, und das einzige wirklich bezahlbare und praktikable Verfahren war lange Zeit die Spirit-Carbon-Methode. Texte wurden auf eine spezielle Papiermatrize oder eine Metallfolie geprägt, die einen alkohollöslichen Farbstoff enthielt, wobei Texte meist mit einer Schreibmaschine ohne Farbband geschrieben wurden. Zeichnungen wurden von Hand ergänzt. Dann wurde die Matrize in ein Walzengerät eingespannt, in dem mit Spiritus angefeuchtetes Papier über die Matrize gezogen wurde – so konnte der Lehrer durch Kurbeln etliche Kopien herstellen. So oder ähnlich funktionierte das, aber ganz genau weiß ich es auch nicht mehr, irgendwie ist die ganze Sache in meinem Kopf umnebelt …

Für den Lehrer hatte diese technische Lösung den Vorteil, dass er schnell und einfach einen Klassensatz Arbeitsblätter fabrizieren konnte. Für die Schüler aber brachte das Verfahren angenehme Rauschzustände, denn sie schnüffelten ohne jede Hemmung, bis ihnen schwindlig wurde, an den frisch durchgedrehten Blättern, die noch reichlich Spiritusdämpfe abgaben …

Vorgestern, gestern und heute

Wie viele passen rein?

Eltern, die sich heute über Klassen- oder Kursgrößen beschweren, sollten vielleicht einmal einen Blick in die Vergangenheit werfen – sie erfahren Erstaunliches. Bis zum Jahr 1882 gab es zum Beispiel in Preußen überhaupt keine Jahrgangsklassen – unterrichtet wurden die heutigen Klassen eins bis vier alle zusammen in einem Raum. Dabei kamen 75 bis 95 Schüler auf einen einzelnen Lehrer. Mit der Einführung der Jahrgangsklassen wurde es immerhin etwas besser: Ein einziger Lehrer unterrichtete 50 bis 65 Schüler. In den 1970er-Jahren, als die geburtenstarken Jahrgänge eingeschult wurden, bevölkerten noch bis zu 40 Schüler oder Schülerinnen einen Klassenraum. Erst in den folgenden Jahren nahm die Zahl langsam ab. Von Vorteil war auch die Einführung des Kurssystems in der Oberstufe – je nach Fach konnte es sogar schon einmal sein, dass sich manche Schüler in leeren Hallen einsam fühlten.

Vorgestern, gestern und heute

Abenteuer in den Pausen

Gegen die heutigen Zustände auf den Pausenhöfen der Nation, besonders in den Großstädten, dürften die Verhältnisse Mitte bis Ende des 20. Jahrhunderts in den meisten Schulen geradezu paradiesisch gewesen sein. Gut, der Aufsicht führende Lehrer musste Wind und Wetter trotzen, teilweise unsinnige Regelungen durchsetzen (»Ballspielen verboten!«), sich prügelnde Kinder trennen, mehr oder minder schwere Verletzungen mit Desinfektionsmittel und Pflaster heilen und das Geheul der Verletzten erdulden – gegen die tausend potenziellen Katastrophen der Neuzeit

(Drogen, Messer, Gangkriminalität) war so eine Pause geradezu ein Urlaubsaufenthalt.

Einzig die Raucher stellten dort, wo das Rauchen auf dem Schulhof auch für die Oberstufe verboten war, ein Problem dar, denn sie waren einfallsreich und fanden immer neue Verstecke und Strategien, um ihrem Laster zu frönen. Ob das Rauchen in der Pause wirklich Spaß machte oder nur praktiziert wurde, um den Nervenkitzel zwischen der Pausenaufsicht und den wagemutigen Schülern herzustellen, lässt sich heute nicht mehr mit Sicherheit sagen. Natürlich wussten wir Schüler auch, wer von den Aufsicht führenden Lehrern die Raucher verfolgte und wer nicht.

Wir rauchten in der Weitsprunganlage, denn die war zum einen an der hintersten Ecke des Schulhofes zu finden, zum anderen dazu noch erhöht und nur über eine Treppe zu erreichen. Manchmal gesellte sich – anfangs sehr zu unserer Verblüffung – unser relativ junger Mathematiklehrer zum Klub der Nikotinabhängigen und rauchte eine mit …

Nach der großen Pause roch besagter Klub bei Unterrichtsbeginn wie ein Aschenbecher in der Kneipe. Auch Lehrer ohne hellseherische Fähigkeiten hätten jeden Pausenraucher dingfest machen können. Sie taten es aber nicht. Das Zeitalter der Zwangsoptimierung stand noch ganz am Anfang, die Verbotskette – Zigaretten, Glühbirnen, krumme Bananen, Plastiktüten, Atomkraftwerke, Diesel, Kohlekraftwerke, Fernflüge, Autobahnen, Fleisch, biologische Geschlechter, selbstständiges Denken – befand sich noch im Aufbau …

Mädchen und Jungen – in einer Klasse?

Noch zu Beginn des 20. Jahrhunderts endete die Schulbildung für Mädchen mit der Volksschule. Die Oberschulen besuchten nur Jungen, sodass sich die Frage »Mädchen und Jungen in einer Klasse?« gar nicht erst stellte. Mit der Studentenbewegung und dem Streben nach Gleichberechtigung in den 1960er-Jahren endete der für bekennende Machos paradiesische Zustand in den Jungenschulen. Die Emanzipationsbewegung stellte ihre Forderungen: Mädchen sollten genauso viel und dasselbe lernen dürfen wie Jungen. Schließlich strebte man auch gleiche Chancen in Studium und Beruf an. Die Folge: Koedukation, offiziell eingeführt 1960. Von der ersten Klasse der Grundschule bis zum Abitur bevölkern nun Schüler beiderlei Geschlechts Klassen- und Kursräume.

Moderne Pädagogen und Psychologen diskutieren im Laufe der letzten Jahrzehnte immer mal wieder die Frage, ob Mädchen und Jungen nicht doch besser getrennt unterrichtet werden sollten. Ihre Erkenntnis: In gemischten Klassen sind Mädchen im Mathematik- und Physikunterricht gehemmt, während Jungen in Deutsch eingeschüchtert sind und an Leistungsfähigkeit einbüßen. Schuld daran soll die unterschiedliche Dosis Testosteron der beiden Geschlechter sein, die Einfluss auf die Interessenlage der Schüler nimmt. Außerdem gibt es Entwicklungsunterschiede – die Mädchen sind in bestimmten Phasen den Jungen sprachlich deutlich überlegen, was für die Jungen Dauerstress bedeutet. Bestimmte technische Themen interessieren Mädchen weniger, auch wenn dieser biologische Unterschied von der Genderlobby weggezaubert werden soll. Hinzu kommt, dass sich in der Pubertät Mädchen besser konzentrieren können und ihre Aufgaben mit mehr Engagement durchführen als Jungen, die etwas ganz anderes im Kopf haben: nämlich Mädchen. So konnte in den frühen 1970er-Jahren ein einziger Minirock in einer Klasse der höheren Mittelstufe oder Oberstufe das Verständnis für die Rezeption der Relativitätstheorie mehreren Jungen relativ unmöglich machen. Auch Mischlösungen sind im Gespräch – allgemeiner Unterricht zusammen, Mathematik getrennt. Kein Problem, eine solche Lösung wird das Chaos des deutschen Bildungssystems nur unbedeutend steigern.

> **1955, 1967 oder 1973**

Nix Florenz: im Frühtau zu Berge!

Mit dem Nachtzug nach Florenz? Eine Busfahrt nach Prag? Was für ein Stress! Barcelona mit der ganzen Klasse? Nicht nur für Schüler mit begrenztem elterlichen Budget ein Problem. Wandertag statt Klassenfahrt? Ja, wenn man zurückdenkt an die guten alten, einfachen Wandertage …

8:00 Uhr: Alles beginnt mit der Busfahrt bis an die Pforten des örtlichen Gebirges, 120 Meter hoch, und von dort aus soll es direkt hinein ins Abenteuer gehen! Bis alle eingestiegen sind, ist es …

8:15 Uhr: Das große Chaos im Bus, fast alle Kinder haben Rucksäcke, die jetzt den Mittelgang versperren. Die üblichen Volltrottel stolpern darüber und brechen sich fast den Hals. Nahezu alle sind von ihren Eltern mit Proviant für eine vierzehntägige Expedition ausgestattet worden. Die Ersten haben sich schon übergeben, der Busfahrer hat es schwer, sich auf die Straße zu konzentrieren, muss über den Straßenverkehr und die Sauereien in seinem Fahrzeug abwechselnd oder zugleich fluchen. Aber vier hart gekochte Eier zusätzlich zum Frühstück sind einfach zu viel. Andere Schüler rülpsen wild – ganze Flaschen Limonade suchen einen Ausweg, finden ihn schließlich auch rückseitig. Die Atmosphäre ähnelt der im botanischen Garten während der Blütezeit der mexikanischen Stinkwurz, die Stimmung bei den Schülern ist großartig, irgendwo zwischen froher Erwartung großer Entdeckungen, nicht unähnlich einer Polarexpedition oder einem Betriebsausflug.

9:15 Uhr: Angekommen. Vor uns erhebt sich das ziemlich gewaltige Massiv des Hüppelberges. Ein Drittel der Klasse stürmt den Kiosk und Andenkenshop gleich neben dem Schild mit dem Wanderwegzeichen, deckt sich mit Süßigkeiten und künstlerisch wertvollen Mitbringseln ein.

Verkaufsschlager ist der Kölner Dom in Spritzguss, gleich gefolgt vom Brandenburger Tor. Die Liste der beliebtesten Lebensmittel wird angeführt von Leckmuscheln, Nappo-Rauten und Brausetütchen.

9:30 Uhr: Endlich, die Wanderung kann beginnen. Der Lehrkörper in Kniebundhosen und Wanderschuhen der Marke Edelweiß schreitet voran, die Karte im Lederfutteral mit Sichtfenster vor sich her tragend, ein munteres Lied auf den Lippen:

> Im Frühtau zu Berge wir ziehn, fallera.
> Es grünen die Wälder, die Höhn, fallera.
> Wir wandern ohne Sorgen, singend in den Morgen,
> noch ehe im Tale die Hähne krähn.

Fröhlich stimmt die Klasse ein. Zum Glück gibt es zu diesem Lied keinen Komponisten, denn der würde jetzt im Grabe rotieren – es handelt sich um die deutsche Version einer schwedischen Volksweise. Eine genervte Rotte Wildschweine verschwindet augenblicklich im Unterholz. Der begleitende Chorgesang verwandelt sich kurz darauf in ein unartikuliertes Geheul – Hohö-hö, hohö-höhöh –, weil kein Schüler den Text der zweiten Strophe beherrscht. Der Lehrer singt zuerst solo weiter …

> Ihr alten und hochweisen Leut', fallera.
> Ihr denkt wohl, wir wären nicht gescheit …

… gibt aber gleich wieder auf, um Schlimmeres zu verhüten. Gefühle der Erschöpfung machen sich breit, schon mehr als zehn Minuten in der Wildnis …

9:38 Uhr: Viele Schüler haben brandneue, zum Teil astronomisch teure Wanderschuhe bekommen und verfallen deshalb bereits nach etwa 500 Metern in einen Zustand jammervoller Klage. Der Lehrer besichtigt Blasen gigantischen Ausmaßes an Fußballen und Fersen, ist konfrontiert mit Fußkäseablagerungen, die wochenlang fern jeder Lichtquelle im Dunkeln verborgen waren. Er klebt Pflaster, tröstet und feuert an. Übergeordnete pädagogische Zielsetzung ist schließlich das Denkmal von Ernst August Plassmeier, dem genialen Sohn des Städtchens, Unternehmer und Erfinder des doppelseitigen Toilettenpapiers, auf dem Gipfel des Berges – ein Ziel, das unbedingt erreicht werden muss, koste es, was es wolle.

9:45 Uhr: Die aktivsten Schüler haben einen Hochsitz im Wald entdeckt und erklommen; das zum Zwecke des Ansitzens erbaute jagdliche Konstrukt bricht unter der Last kindlichen Tatendrangs zusammen. Zum Glück gibt es keine Toten. Der Ballerturm wird notdürftig wieder aufgerichtet, der Jäger wird bei der nächsten Besteigung seinen Spaß damit haben. Man wandert weiter. Volle zweieinhalb Kilometer gerader Strecke müssen noch bewältigt werden, der Lehrer sieht es genau auf seiner Karte. Nein, verirren werden sie sich unter seiner Führung nicht.

10:05 Uhr: Die üblichen Verdächtigen haben sich seitlich ins Gebüsch geschlagen und praktizieren Mutproben. Nachdem sie Regenwürmer probiert haben, wenden sie sich den Schnecken zu. Der Lehrkörper kann gerade noch die Ausrottung der Roten Spanischen Wegschnecke verhindern, indem er die Desperados zurück auf den Weg der Tugend führt, das heißt in Richtung Gipfel; jedoch wandert so manche Nacktschnecke in eine Hosentasche.

10:25 Uhr: Der Gipfel des Hüppelbergs ist erreicht. Die Klasse nimmt auf glitschig-rustikalen Holzbänken Platz; der Lehrer ruft eine Frühstückspause aus, aber niemand hat mehr Proviant. Einige Schüler übergeben sich erneut, als über Essen gesprochen wird. Die eine Hälfte der Klasse hängt völlig fertig in den Seilen, die andere steckt voller anarchistischem Tatendrang. Eine besonders aktive Fraktion unterbeschäftigter Jungen pinkelt gegen das Denkmal von Ernst August Plassmeier. Der Lehrer schreitet ein, versucht sie mit einer Kurzbiografie des verdienten Mitbürgers von der Schändlichkeit ihres Tuns zu überzeugen. Die aktive Gruppe macht sich dünn, als sie die geistige Abwesenheit des Pädagogen bemerkt, und demontiert erst einmal alle auf dem Gipfel des Hüppelbergs angebrachten Papierkörbe mit der Aufschrift »Halte Deine Straßen rein, nur Schweine tun hier nichts hinein!«.

10:37 Uhr: Ein Gewitter liegt in der Luft. Ein erster Windstoß weht den Müll der letzten sechzehn Klassenfahrten aus den am Boden liegenden Papierkörben auf. Der Pädagoge ruft zum eiligen Rückzug, das Haupt umweht von einer Windhose aus benutzten Papiertaschentüchern, Butterbrotpapieren und Tetrapakkartons. Dank Klimawandel können auch die mittlerweile fliegen. Starkregen setzt ein. Die Hälfte der Klasse stürmt kopflos den Berg hinunter Richtung Bus, der Wanderweg verwandelt sich in eine schlammige Rutschbahn. Die zweite Hälfte der Klasse kramt in ihren Rucksäcken nach dem Regenzeug und verstreut dabei den restlichen Inhalt der Behälter im weiten Umkreis. Der Pädagoge spürt, dass seine Wanderstiefel bereits bis zu den Knöcheln mit Wasser gefüllt sind. Er treibt die noch immer mit ihrem Regenzeug ringenden Schüler wie eine Schafherde in Richtung Bus.

10:57 Uhr: Der Zählappell am Bus ergibt keine größeren Fehlbestände an Schülern. Der Pädagoge atmet erleichtert auf, als auch das letzte Schäfchen der Herde den Bus erreicht, einen mittelgroßen Baumstamm hinter sich her ziehend. Auf Nachfrage antwortet der Schüler, dass sein Großvater ein begeisterter Hobbyschnitzer sei.

10:59 Uhr: Der Busfahrer weigert sich, den Baumstamm und überhaupt irgendwen in seinen Bus zu lassen, seit er sich auf zwei oder drei Nacktschnecken gesetzt hat, die irgendwie auf den Fahrersitz geraten sind. Seine ebenso monumentalen wie anstößigen Flüche prägen sich auf ewig in das Sprachrepertoire der mitreisenden Jugend ein. Er besteht auf einer gründlichen Durchsuchung aller Schüler nach Schnecken und sonstigen Lebewesen und auf intensive Reinigung des Schuhwerks. Die ist unter diesen Umständen aber nicht zu leisten, denn der Regen erreicht bereits Monsunstärke. Nein, einen Baumstamm will der Busfahrer schon aus Prinzip nicht mitnehmen. Langwierige Verhandlungen beginnen. Kreativ beschließt der Pädagoge, dass die Schuhe ausgezogen und im Kofferfach des Busses deponiert werden sollen. Die Verhandlungen über den Baumstamm werden erst einmal ausgeklammert.

11:19 Uhr: Die Schuhe sind im Bus, ebenso die Schüler – bis auf einen. Der übt sich in passivem Widerstand und hat sich neben seinem Fundstück auf den schlammigen Boden gesetzt. Ohne seinen Baumstamm macht er nichts. Wenn es so weiterregnet, kann er ihn in Kürze als Einbaum benutzen.

11:33 Uhr: Der Baumstamm und der letzte Schüler sind im Bus. Die ganze Klasse fährt barfuß und bis auf die Haut durchnässt zurück zur Schule, wo die Ausgabe des während der Fahrt munter durcheinandergewürfelten Schuhwerks etwa eine Stunde in Anspruch nehmen wird. Zum Glück wird der Hausmeister diesen organisatorischen Vorgang beaufsichtigen.

12:35 Uhr: Der Bus parkt unter dem Vordach der Turnhalle, wo die vom Wandertag zurückgekehrten Schüler begeistert von der gerade turnenden Parallelklasse wie erfolgreiche Expeditionsteilnehmer begrüßt werden. Ein Schüler macht Charles Darwin Konkurrenz und präsentiert einer Gruppe von Schülerinnen ein wunderbares Exemplar von »Arion vulgaris«, der Spanischen Wegschnecke, was die jungen Damen zu einem beeindruckenden Ekelkonzert mit Kreischlauten jenseits der Grenzwerte der neuen Arbeitsstättenverordnung motiviert. Der Hausmeister beschlagnahmt das Tier und trägt es in den Schulgarten, wo es in den nächsten Tagen die Bestände an jungem Salat vernichten wird, welche die Klasse 3a mühevoll herangezogen hat. Charles Darwin muss sich später beim Rektor für seine Taten verantworten. Einen Platz in der Geschichte der Biologie wird er nicht beanspruchen können.

13:35 Uhr: Da die Schüler zum Glück nicht auf einen Schulbus angewiesen sind, schickt der völlig erschöpfte Lehrer jeden wieder mit Schuhwerk versehenen und halbwegs getrockneten Zögling früher nach Hause. Jeder von ihnen wird, seine Souvenirs stolz vor sich hertragend, die jeweils anwesenden Elternteile zu Hause mit seiner früheren Ankunft überraschen. Am nächsten Tag werden zwei Drittel der Klasse wegen Erkältungskrankheiten zu Hause bleiben müssen.

13:37 Uhr: Der letzte Schüler – der mit den größten Blasen an den Füßen – schleppt sich nach Hause. Der Lehrer rekapituliert bei einem oder zwei Tassen Kaffee-Cognac im Lehrerzimmer den Tag – war das nicht ein großartiges Ereignis, eine bleibende Erinnerung der schulischen Kindheit? Jedem seiner Schüler wird er unvergesslich bleiben, schon wegen der Tracht Prügel, die sie zu Hause angesichts ihrer komplett verwüsteten Wanderausrüstung erhalten werden. Ein Segen, dass niemand eine Digitalkamera oder ein Fotohandy dabeihatte, würde der Pädagoge denken, wenn er schon eine Ahnung von derartigen Geräten hätte haben können.

Ach ja, der Baumstamm. Den und seinen schnitzenden Opa hat der betreffende Schüler völlig vergessen. Er liegt im Gepäckfach des Busses und der Fahrer denkt darüber nach, ob er nicht auch mit dem Schnitzen beginnen sollte.

Sommer 1958

Chlorophytum muss mit: Ferienbeginn

Jede Klasse hatte ihre Zimmerpflanzen, meist widerstandsfähige Wüsten- oder Steppengewächse im Topf. Sie hielten vieles aus, zum Beispiel den Unterricht, denn die Schüler gossen und pflegten sie regelmäßig – eine sechswöchige Trockenperiode allerdings, wie sie die Sommerferien darstellen würden, hätten auch sie nicht überlebt. Deshalb mussten, jedes Jahr wieder, die Schüler die Pflanzen mitnehmen – der letzte Weg zu Ferienbeginn von der Schule nach Hause war deshalb nicht immer einfach.

Dennoch stritten sich die Schüler darum, wer welche Pflanze mit in die Ferien nehmen durfte. Wer leer ausging, war traurig und enttäuscht, wer eine oder sogar mehrere Pflanzen bekam, hingegen stolz wie Oskar. Die Begeisterung für diese Form des Pflanzentransports nahm allerdings mit den Jahrgängen ab …

Sehr beliebt, besonders in den Klassen eins bis vier, war die Grünlilie (»Chlorophytum comosum«), ein ausuferndes grün-weißes Gewächs mit langen Ausläufern, die man abtrennen und zu einer neuen unabhängigen Pflanze wuchern lassen konnte. Meist kam es schon direkt nach dem Verlassen der Schule zu einer Prügelei, weil die Schüler ohne Pflanzen den stolzen Besitzern der Grünlilie die Ausläufer abrupften. Wenn ein Schüler mit so einem Monstrum nach Hause kam, schlugen die Mütter die Hände über dem Kopf zusammen. Eine ähnliche Reaktion löste das Mitbringen von »Sansevieria trifasciata« aus, denn die ragte bis zu sechzig Zentimeter aus dem Topf empor und ihr Transport war besonders für Schüler niedriger Jahrgänge eine Tortur.

Wer Glück hatte, bekam ein Alpenveilchen, das in der Schule sehr selten war, denn diese Topfpflanze wurde in der Klasse immer viel zu stark gegossen, stand deshalb fußnass, verkümmerte und ging nach kurzer Zeit ein.

Das Schlimmste an der Sache mit den Topfpflanzen: Am Ferienende mussten sie wieder mit in die Schule. Ich habe mal eine vergessen. Vielleicht war sie auch zu Hause eingegangen. Jedenfalls ging ich ohne Pflanze in die Schule. Niemand hat sie vermisst.

Was tun, wenn der Ofen qualmt? –
Schule im Winter

Der schlimmste Fall in der Schule der Vergangenheit: Ja, es gab einen Ofen in der Klasse und sogar Brennholz oder Kohle, aber ausgerechnet dann, wenn es draußen stürmte oder schneite, streikte der Ofen. Statt einfach nur zu brennen und zu heizen, qualmte und rußte er vor sich hin. Die Folge: eine hustende Klasse in dicken Winterklamotten, aber trotzdem mit klappernden Zähnen.

Wenn der Ofen funktionierte und ordentlich Wärme produzierte, gab es ein anderes Problem: Schüler, die direkt neben dem Ofen saßen, kamen sich vor wie Röstkastanien, andere saßen in der Nähe der keineswegs wärmegedämmten Fenster oder der Tür in kalter Zugluft. Eine gewisse Abhilfe brachte nur die regelmäßige Rotation der Sitzplätze, was aber immer für ein paar Tage sozialer Unruhe sorgte – die Hackordnung unter den Schülern musste neu ausgehandelt werden.

Gab es schon eine Zentralheizung, so war diese oft alt und störungsanfällig. Vom Hausmeister mit Koks oder Kohle beschickt, tat sie ihren Dienst am Rand der Leistungsfähigkeit, durch gefährliches Zischen und rätselhafte Klopfgeräusche nach außen hin erkennbar. Die Heizkörper, oft unter den undichten Fenstern angebracht, glühten förmlich, schaffen es aber nicht, den unteren Bereich der bis zu vier Meter hohen Räume aufzuwärmen. Gab es Schnee oder regnete es in den Wintertagen, kamen die Schüler völlig durchnässt in der Schule an, und manche Lehrer erlaubten ihnen, ihre nassen Handschuhe, Schals und Mützen auf den Heizkörpern in der Klasse zu trocknen. Die Folge war ein feuchtwarmes, subtropisches bis tropisches Klima in der Klasse, die Fenster und die Brillen von Lehrer und Schülern beschlugen, aber es war warm und kuschelig. Einfach wunderbar.

Vorgestern, im »Dritten Reich« und danach

Kreuz oder Adolf? Was an der Wand hing

Wohl über Jahrhunderte hingen Kreuze an den Wänden der Klassenzimmer – vielleicht für viele Jahre der letzte Rettungsanker in einer durch und durch desolaten Schule. Im 19. Jahrhundert schmückten zusätzlich die Porträts von Königen und Kaisern die Klassenwände, im 20. Jahrhundert folgten Zeiten, in denen ein Österreicher mit merkwürdigem Schnauzbart auf die Klassen herabsah, kurz darauf ausgetauscht gegen die Bilder unterschiedlicher, mild herabblickender Großväter, allesamt von Beruf Bundespräsident.

Im anderen Deutschland, der Deutschen Demokratischen Republik, hießen die Großväter in zeitlicher Abfolge mit Vornamen Walter, Willi und Erich, und alle waren

Staatsratsvorsitzende. Die Jungen Pioniere, eine Jugend-organisation der SED, rahmten die Herren mit Bildern und einer immer wieder aktualisierten Wandzeitung ein, den Klassenkampf betreffend. Gemeint war aber nicht die Klasse in der Schule, sondern die Arbeiterklasse als Ganzes.

1950er-Jahre bis 1989

Schule in der DDR: Fahnenappell und Disziplin

In ostdeutschen Schulen, also in der damaligen DDR, fanden zur Vorbereitung auf einen späteren Militärdienst regelmäßig Fahnenappelle statt. Alle Schüler mussten sich auf dem Schulhof aufstellen; danach begann der Unterricht mit dem Pioniergruß. Ob es an dieser Organisationsform lag? Jedenfalls war die Disziplin in der DDR-Schule immer hervorragend, der Lehrer eine angesehene Respektsperson. Die allgemeinbildende polytechnische Oberschule umfasste zehn Klassen, unterrichtet wurde an sechs Tagen in der Woche. Die mathematisch-naturwissenschaftlichen Fächer waren Mathematik, Physik, Chemie und Biologie. Hinzu kam der gesellschaftswissenschaftliche Unterricht in Geschichte, Staatsbürgerkunde, Geografie, Musik und Kunsterziehung.

Das wichtigste Fach im Fremdsprachenunterricht war Russisch, unterrichtet ab der fünften Klasse. Schließlich war die Sowjetunion das große internationale Vorbild der DDR, man musste sich ja mit den russischen Genossen verständigen können. Mit Klasse sieben kam eine weitere Fremdsprache hinzu, meist Englisch oder Französisch.

Unter dem polytechnischen Unterricht verstand man einen erweiterten Werkunterricht, bei dem auch die Arbeit im Schulgarten eine Rolle spielte. Ab der siebten Klasse erlebten die Schüler die sozialistische Produktion live – sie arbeiteten in Betrieben mit.

Das allgemeine Verhalten in der Schule fand Niederschlag in den Kopfnoten auf dem Zeugnis: Ordnung, Mitarbeit, Fleiß und Betragen wurden bewertet. Über gute (Kopf-)Noten hinaus musste sich als treuer Diener des Staates erweisen, wer studieren wollte. Dabei konnten dann auch schon einmal die Leistungen im »Handgranatenweitwurf« eine Rolle spielen, eine Übung, die wie auch Hindernisläufe Teil der »Sozialistischen Wehrerziehung« (SWE) gewesen ist. Wenn man es allerdings recht überlegt: Das westdeutsche Pendant, der Schlagballweitwurf, war eine Disziplin der Bundesjugendspiele und trainierte im Grunde dieselben Muskeln.

Wilde Bilderwelten am Kartenhalter

Noch Mitte des 20. Jahrhunderts verfügten Lehrer über einen erstaunlich umfangreichen Zugang zu allen Teilen der Welt. Die stand nämlich aufgeräumt in Form von riesigen Landkarten im Lehrmittelraum nahezu jeder Schule. Besonders beliebt waren die Karten ganzer Kontinente und natürlich die Weltkarte. Ausgerechnet diese Karten bekamen aber viele Schüler nicht zu sehen, nämlich diejenigen, die nach dem vierten Schuljahr auf die Realschule oder auf das Gymnasium wechselten. In den Grundschulklassen eins bis vier betrieb man aber keine Geografie, sondern Heimatkunde, ein Fach, dessen Radius nicht über das nächste Mittelgebirge hinausreichte. Umso interessanter fanden gerade die jüngeren Schüler, was sich in dem Raum mit den Unterrichtsmaterialien verborgen hielt. Betraut mit der Aufgabe, eine Karte der norddeutschen Mittelgebirge zu holen, stöberten dann junge Forscher auch schon einmal in geografischen Materialien herum, die sie eigentlich erst in Jahren zu sehen bekommen sollten. Kartenständer aufgebaut, die Karte Südamerikas daran aufgehängt – staunen! Diese Art von Expedition in der großen Pause war etwas für Auserwählte.

Doch nicht nur Kontinente standen aufgerollt zur Betrachtung bereit – auch die exotische Biologie bewahrte hier ihr Anschauungsmaterial auf. Wenn man Glück hatte und die richtige Schulkarte aus dem Stapel hervorzog, entrollten sich riesige, gefährlich aussehende Krokodile vor den staunenden Augen des Schülers oder sogar ein Panorama mit den wilden Tieren Afrikas oder – Bingo, Jackpot! – die Saurier der Kreidezeit inklusive Tyrannosaurus Rex. Bei weniger Glück erschienen die Pilze unserer Heimat oder der Rinderbandwurm. Jeder neue Versuch bot eine neue Chance auf optische Sensationen, die ein Schüler anderswo nicht finden konnte. Geradezu mit sprachlosem Schrecken reagierten die forschenden Schüler, wenn sie auf eine der beiden Karten mit der männlichen beziehungsweise weiblichen Anatomie stießen. Da entrollten sich Dinge vor ihren Augen, die sie so, aber vor allem in dieser Größe, noch nie gesehen hatten.

Schließlich lag ein Berg mehr oder weniger ausgerollter Karten vor den Füßen der Schüler – die irgendwann im Laufe des Geschehens erschrocken feststellten, dass die große Pause gleich zu Ende sein würde oder die Unterrichtsstunde beginnen musste und sie die ganzen Anschauungsmaterialien ja wieder in den ursprünglichen Zustand bringen mussten …

Skelettiert und ausgestopft

Der Horror in der Naturkundesammlung gehörte zu den großartigsten Erlebnissen im Leben eines Schülers, wenn er – vom Lehrer Röding beauftragt – in diese besondere Abteilung gehen durfte, um von dort ein Anschauungsobjekt zu holen. Genau gesagt, waren es zumeist zwei Schüler, die dorthin geschickt wurden. Es begann mit einer Einweisung voller seltsamer Intimität: Lehrer Röding rief diese Schüler zu sich heran und sagte ihnen mit gedämpfter Stimme, welches Exponat sie denn nun in die Klasse holen sollten. Als guter Entertainer – alle guten Lehrer sind gute Entertainer – wollte er der restlichen Klasse natürlich nicht verraten, welche wunderbaren Schöpfungen der Natur sie zu Gesicht bekommen würden – ausgestopft, angestaubt und von der Last der Jahre strapaziert. Diese Unterrichtsmaterialien befanden sich meist in einem eigens dafür eingerichteten Raum, getrennt auch von anderen Lehrmitteln, und es gab dort viel zu sehen: von den Skeletten zahlreicher Tierarten über menschliche Embryonen, eingemacht in Glasbehältern voller Flüssigkeit, bis hin zu nahezu naturgetreu hergerichteten, ausgestopften Säugetieren mit staubigem Pelz und schreckensgeweiteten Glasaugen.

Mit dem Schlüssel zur Sammlung in der Hand liefen nun die ausgesandten Schüler durch die Flure, bis sie vor dem Tor der Sensationen standen, dass sie nach kurzem Zögern öffneten. Gleich neben der Tür wachte Oskar, das menschliche Skelett, dem irgendwer eine Zigarette zwischen die knochigen Kiefer geklemmt hatte – eine unsägliche Attraktion in einer Zeit, in der es für Schüler noch keine Horrorfilme gab. Das hier war es, das angenehme Gruseln der Kindheit. Im fahlen Zwielicht erschienen wundersame Objekte, viele davon nur im Umriss und schemenhaft, denn feiner Staub schwebte in der Luft, durchstreift vom Licht der Morgensonne, das sich mit großer Mühe durch die seit Jahrzehnten nicht mehr geputzten Fenster quälte. Nach und nach kam die Erkenntnis: Das dort drüben, das musste der Rotfuchs sein, dahinter der Dachs, umstellt von der Schar der heimischen Greifvögel – Habicht, Milan und Bussard. Waren das die Glasaugen einer Eule, die da aus der dunklen Ecke leuchteten? Sie mussten weiter zu den Amphibien und Reptilien, in Standzylindern eingelegt in Spiritus, der längst seine Klarheit verloren hatte und zu einer gelben Brühe geworden war. Da – der Teichmolch und der Feuersalamander, alles andere als natürlich, ausgeblichen, verschrumpelt, von rätselhafter und geheimnisvoller Magie umweht. Die Wissensboten ergriffen, was der Lehrer brauchen würde, zwei Glasbehälter aus fernen Tagen, vermutlich noch von Charles Darwin selbst präpariert, hielten aber noch inne, atmeten den betörende Duft von Moder und Verfall, warfen einen letzten Blick auf Ameisenbär und Grottenolm, die wer auch immer für die Sammlung angeschafft hatte, um Schülern im Unterricht eine Gänsehaut zu verschaffen. Dann trugen sie mit großer Vorsicht und voller Stolz das gegenständlich gewordene biologische Wunder aus der Sammlung über die Flure zum Klassenraum, bereit, ihre Klassenkameraden mit konkreter Erkenntnis zu beglücken: eine ausgestopfte Eule.

Schulfächer: Von experimenteller Physik bis zum Action-Painting

Die Unterrichtsfächer

Die wichtigsten Schulfächer der Vergangenheit hießen Biblische Geschichte oder später Religion, Lesen, Schreiben, Singen und Rechnen, erweitert durch die Raumlehre, einen Vorläufer der Geometrie. Rund um das Lesen und Schreiben entwickelten sich gleich mehrere Teilgebiete zu eigenen Schulfächern wie Schönschreiben, Rechtschreiben,

Sprachlehre (Grammatik) und Aufsatz. Mädchen erlernten Weibliche Handarbeit oder Hauswirtschaft – Sportunterricht, »Leibesertüchtigung« genannt, gab es nur für die Jungen und diente der Vorbereitung auf den Militärdienst.

In neuerer Zeit unterscheiden sich die Unterrichtsfächer von Bundesland zu Bundesland. Sie kommen und gehen (siehe Mengenlehre), werden je nach Schulform angeboten oder auch nicht, füllen Schülergehirne mit mehr oder weniger brauchbarem Wissen ab, hinterlassen aber auf jeden Fall nostalgische, ein wenig stereotype Erinnerungen an die Arbeitszeit, die jeder Mensch in der Schule verbracht hat oder noch verbringt.

> **Gestern – oder lieber heute?**

Biologie

Eukaryotische Zellen, Ribosomen und Mitochondrien, Hormone und Aminosäuren, verkettet zur menschlichen DNA, sind die zentralen Themen im modernen Biologieunterricht. Das ist besonders praktisch, wenn einem bei einem Waldspaziergang mal wieder eine Herde Mitochondrien begegnet, mit denen kennt man sich ja aus. Und da, hinter diesem grünen Ding, ist das nicht ein Ribosom? Nein, da hockt ein Hase hinterm Strauch …

Ganz im Gegensatz zu den Unterrichtsinhalten der Vergangenheit erfahren Schüler heute wenig über die Eigenschaften von Pflanzen und Tieren. Sie halten das Reh für die Ehefrau des Hirsches, können Löwenzahn nicht von Brennnesseln unterscheiden, glauben, dass Libellen stechen können, und haben nicht die geringste Ahnung über giftige Pflanzen und Pilze. Sie wissen auch nicht mit Sicherheit, welche menschlichen Organe an welchen Platz im Körper gehören. Aber sie können nach dem Abitur mühelos beim Chemiekonzern in der Abteilung Genmanipulation anheuern.

Man könnte auch glauben, dass Biologie das Unterrichtsfach ist, in dem Schüler unter anderem lernen, wie neue Schüler hergestellt werden. Dieses Wissen hat schließlich zur Folge, dass ein Jahrgang dem vorangehenden folgt und der Unterricht für die unterrichtenden Lehrer nie endet. Aufklärungsunterricht ist aber überflüssig, Schüler wachsen immer reichlich nach, denn wie es gemacht wird, lernen sie im Internet.

1990 bis heute

Chemie

Wie lautet der etwas dämliche Merksatz? Chemie ist's, wenn es knallt und stinkt. Diese simpel strukturierte Schülerweisheit hat sich über Jahrzehnte, wenn nicht Jahrhunderte gerettet. Und je mehr Detonationen das Fundament des Schulgebäudes erschüttern und je intensiver beißende

Aromate durch die Flure ziehen, desto besser gefällt es den Schülern. Was aber nicht heißen soll, dass sich durch eine Art Katastrophenunterricht immer bessere Lernergebnisse erzielen lassen. Eines allerdings ist sicher: An die sogenannte Kreidechemie – Formelweisheiten an der Tafel – erinnern sich alle Beteiligten (mit Ausnahme des Lehrers) als eine Zeit süßen und festen Schlafes.

1990 bis heute

Physik

Im Unterrichtsfach Physik lernen die Schüler a) relativ wenig (Einstein) und schwafeln unscharf herum (Heisenberg). Wer b) aufpasst, kann hinterher Atombomben bauen; auch hier unterscheidet man (analog zur Chemie) erstens die Kreidephysik (mit Kreide an der Tafel) und zweitens die experimentelle Physik (wenn der Lehrer Versuche aufbaut, die meist nicht funktionieren). Besonders beliebte Teilgebiete für schöne Erinnerungen an den Physikunterricht sind die Optik (schön dunkel!) und die Quantenphysik (da hat der Lehrkörper auch keine Ahnung!). Erhoffen sich die Schüler von der experimentellen Physik wahrhafte Labor- und Materialschlachten, so ist die Wirklichkeit für sie ernüchternd: In der Erinnerung bleibt ein Drei-Sekunden-Versuch haften (Kugel pendelt dreimal an Spiralfeder hin und her), gefolgt von vier Doppelstunden theoretischer Interpretation. Zurück bleibt das tief verwurzelte Wissen: Mit Sensationen ist im Physikunterricht auch nur relativ selten zu rechnen.

SoWi

Wikipedia meint: »In den Sozialwissenschaften werden Strukturen und Funktionen sozialer Verflechtungszusammenhänge von Institutionen und Systemen und auch deren Wechselwirkung mit Handlungs- und Verhaltensprozessen der einzelnen Individuen (Akteure) theoriegeleitet oder empirisch analysiert.« Im Fach SoWi finden sich Schüler und Lehrer in trauter Zweisamkeit. Nicht nur die Schüler können später nicht sagen, worum es in diesem Unterrichtsfach eigentlich gegangen ist, auch der Lehrer hat keine Ahnung, was das alles sollte.

Die Sprachen

Die Fächer Englisch, Französisch und Latein liefern den Sockel für breit angelegte Erinnerungen des Scheiterns. Das stört aber niemanden. Zwar nehmen in unserer multikultu-

rell-klimatisierten Tourismusgesellschaft Fremdsprachen einen immer breiteren Raum ein, seit Erfindung des Google-
Echtzeit-Übersetzers aber sahen und sehen Schüler keine
Notwendigkeit mehr, sich selbst in ein fremdes Idiom einzu-
arbeiten. Verspricht doch bereits die nächste Softwarege-
neration eine Perfektion, die nicht nur Alltäglichkeiten über-
setzt, sondern eigenständig Romane und Theaterstücke
verfassen kann.

1980 bis heute

Schulsport

In der ferneren Vergangenheit war Schulsport nicht so
wichtig: Kinder, die neben der Schule in der Landwirt-
schaft arbeiteten, aber auch Stadtkinder, die den ganzen Nachmittag über auf der Straße herumtollten, litten nicht an Bewegungsmangel und brauchten keinen
Sport- oder Schwimmunterricht. Sinnvoll wurde etwas
organisierte Bewegung erst in Zeiten zunehmenden Me-
dienkonsums. Jede Stunde vor dem Fernseher fehlte
den Kindern vermutlich als Guthaben auf ihrem Bewe-
gungskonto.

Aber zum Glück gab es ihn ja, den Schulsport. Nein,
nicht alle waren davon überzeugt, dass Sport ja eigentlich Mord sein soll. Hier spaltete sich die Schülerschaft in
zwei scharf abgegrenzte Lager – Sie erinnern sich? Hier

die schlaffen Hänger, jeder schweißtreibenden Betätigung abgeneigt und ohne Einsicht in deren Stress abbauende Notwendigkeit; dort die körperbewusste Turnschuhfraktion, die im Ausblick auf spätere Jungdynamiker-Ausstrahlung und auch auf erotische Erfolge den Body zu stählen trachtete. Dazwischen: der Sportlehrer, bemüht, Unterricht für alle zu machen. In meiner Erinnerung blieb ein unauflösliches Dilemma haften: Während bei der einen Gruppe der Kreislauf bereits nach einer Kniebeuge in den roten Bereich titschte, war die andere viele Schuljahre lang hoffnungslos unterfordert.

$$\boxed{1970}$$

Religion

Niemand mit nostalgischem Schulhintergrund versteht heute, warum sich so viele Schüler weiterführender Schulen vom Religionsunterricht befreien lassen. War doch das gymnasiale Fach Religion der einzige Termin in der Schule, der sich als angenehme Plauderstunde mit philosophischem Hintergrund verbringen ließ – besonders dann, wenn man den Religionslehrer auf seine ganz persönliche Erscheinung in Lourdes (1983) ansprach oder ihn mit bohrenden Fragen nach dem Sinn des Lebens konfrontierte. Nein, die Antwort war noch nicht 42, der Roman »Per Anhalter durch die Galaxis« erschien erst am 12. Oktober

1979. Vor diesem Termin musste man sich noch auf eigene Spekulationen über den katholischen und evangelischen Himmel verlassen oder den Expertenrat vom Religionslehrer einfordern. Oft gelang es, nicht konfessionsgebundene, aber dennoch beeindruckende Gedankengebäude zum Thema aufzubauen, die dann mit dem Klingeln zur Pause wieder in sich zusammenfielen, was aber niemanden störte, denn man konnte ja in der nächsten Religionsstunde neue intellektuelle Paläste des Weltsinns entstehen lassen.

1960 bis 1990

Kunst

Kunst – das war früher ganz einfach: Im Penn- und Schwafelfach an sich war es nämlich durchaus möglich, im Zustand völliger geistiger Entleerung oder Abwesenheit einen Pinsel über die Malfläche zu führen und dabei ein Ergebnis zu Papier zu bringen, das benotungswürdig war. Gleiches galt für den Umgang mit anderen Kunstwerkzeugen. Da es für die Bewertung schulischer Kunstwerke keine messbaren Kriterien gab, lohnte es sich immer, ausreichende Farbmengen oder andere Materialien zu verarbeiten. Großformate erhielten die besten Noten. Nicht vergessen werden sollte die Tatsache, dass besonders zu Zeiten der Studentenbewegung rund um 1968 gewisse Strömungen im Kunstunterricht existierten, welche Triebstau und Aggressionen in der

Schülerschaft effektiv abbauen konnten. Siehe Action-Painting, Happenings mit den großen Exzentrikern Otto Muehl oder Joseph Beuys als Vorbild. Wen es raus ins Freie trieb, der konnte sich an Land-Art versuchen.

Immer vorausgesetzt, dass man den richtigen Kunstlehrer oder die richtige Kunstlehrerin hatte. Wenn nicht, durfte man die Katze auf dem heißen Blechdach nachgestalten. War eher sprachzentriert-interpretatorischer Kunstunterricht angesagt, so ging es weniger um den Inhalt des Gesagten als um den Klang und Sprachduktus der persönlichen Interpretationsbeiträge. Schüler, die auf gute Benotung aus waren, übten zu Hause vor dem Dritten Programm ihres Fernsehers die salbungsvoll-gebildete Intonation von verquast-intellektuellen Texten, die sich der intelligente Schüler ohne große Mühe spontan aus den Fingern saugen konnte. Beliebte Themen: Warum büßte van Gogh sein Ohr ein? Litt er an einem total destruktiven Tinnitus? War er deprimiert, psychotisch? Handelte er im Rausch oder Wahn?

Kunsthandel 1970

Große Kunst für eine Mark

Der Kunstunterricht hatte auch seine kommerziellen Seiten: Ein dem Autor bestens bekannter Schüler baute sich in den späten 1960er-Jahren mit seinen eigenen Arbeiten eine Art Kunsthandelsimperium auf, indem er an der Pop-Art orientierte Meisterwerke zu aktuellen Themen schuf und diese dann interessierten Klassenkameraden per Versteigerung anbot. Die erzielten Preise lagen zwischen einer und fünf DM – Unsummen für einen Schüler in diesen Tagen. Auf das größte Interesse stießen psychedelische Motive wie das Plakat zum Musical »Hair«, als ein herausragendes Einzelstück folgte später ein düsteres Bildwerk zum Unfalltod des Rennfahrers Jochen Rindt 1970. Beide Welten vereinigte vermeintlich eine nachgeschobene Arbeit zum dramatischen Ende des Rennfahrers Graf Berghe von Trips 1961, allerdings ganz ohne Berge von Trips.

Erstaunlicherweise zeigte sich bei einem Klassentreffen Mitte der 2010er-Jahre, dass sich einige der Arbeiten noch im Besitz der damaligen Käufer befanden – gut fünfundvierzig Jahre nach ihrer Entstehung …

2000 bis heute

Deutsch

Prognosen lassen vermuten, dass in Kürze die gesprochene deutsche Hochsprache in diesem Land zu den Seltenheiten gehören wird. Zum einen wird sie nur noch in seltsamen neuen Dia- und Soziolekten existieren, zum anderen ersetzen Bilder und Videos auf Instagram und Facebook sowohl die direkte zwischenmenschliche als auch die schriftsprachliche Kommunikation. Faktum ist aber nach wie vor, dass die im Elternhaus gesprochene Sprache starken Einfluss auf die Entwicklung der Kinder besitzt.

1600 bis heute

Mathematik

Mathematik ist das Fach, in dem sich die Lehrer hin und wieder mit Überraschungen und Sonderbegabungen konfrontiert sehen. Der Regelfall ist das allerdings nicht.

Neu war in den letzten Jahrzehnten die Erfindung des mathematischen Gegenstücks zur Legasthenie – gestresste Schüler der letzten beiden Jahrzehnte litten schon mal an Dyskalkulie, der Unfähigkeit zu rechnen. Mittlerweile sollen etwa fünf bis sieben Prozent der Weltbevölkerung von dieser furchtbaren Seuche befallen sein und nicht einmal die Grundrechenarten beherrschen. So konnte sich das Fach Mathematik auch gegenüber dem Sprachunterricht emanzipieren. Wer beides hat – Legasthenie und Dyskalkulie – und sich zusätzlich noch ADHS leistet, wird ein besonderes Leben führen können, ganztägig umgeben von zahlreichen Sonderpädagogen und Schulpsychologen.

Explosives Engagement

Im Regelfall war der naturwissenschaftliche Unterricht für die Schüler alles andere als spannend und vor allem geprägt vom Umgang mit haarsträubenden Formeln. Dabei spuken in den Köpfen der Schüler Szenarien eines Unterrichts herum, die zwischen Alchemie und Labor des verrückten Wissenschaftlers anzusiedeln sind, und das besonders in zwei Fächern. Im Chemieunterricht knallt, stinkt und raucht es, wie schon gesagt, die Physik ist die Wissenschaft der Blitze und atomaren Katastrophen – so jedenfalls wünschten sich das die Schüler. Und so ist die Frage, ob die nachfolgenden Geschichten tatsächlich Berichte aus der Vergangenheit oder doch nur Lügengeschichten Typ urbane Legenden wie »Die Spinne in der Yucca-Palme« oder Erfindungen à la Münchhausen sind.

»Was ist, warum kommt nicht?« Die Versprachlichung seines Tuns gelang einem bestimmten Physiklehrer nur schwer, und darüber hinaus waren auch seine Qualitäten als Experimentator in der ganzen Schule bekannt – nicht etwa wegen der großartigen anschaulichen Versuche, sondern infolge seiner Fehlschläge.

Man erzählte sich in Schülerkreisen von abenteuerlichen Ereignissen:

Gay-Lussac'sches Gasgesetz: Explosion eines unter Druck stehenden Versuchsaufbaus, dessen umfängliche

Glasgeräte sich exakt in der Mitte teilten und zum einen links, zum anderen rechts gegen die Wand klatschten. Keine Toten, aber ordentlicher Sachschaden und der Spruch, der das Fiasko eingeleitet hatte: »Was ist, warum kommt nicht?« Es kam, nachdem Herr Dr. Seltsam das Ventil an der Gasflasche ein wenig zu weit aufgedreht hatte.

Optik: Herr Dr. Schmölzer, ein anderer Täter seines Faches, will im verdunkelten Physiksaal das Verhalten unterschiedlicher Linsen zeigen und bittet daher – heute undenkbar – den Schüler Beutner, Zigarettenrauch in den Strahlengang zu pusten. Schmölzer referiert über konkaves und konvexes Glas, die Klasse schläft nicht zuletzt wegen der Dunkelheit schon nach fünf Minuten. Da ruft eine glockenhelle Stimme in die Finsternis: »Herr Doktor Schmölzer, der Beutner raucht!« – Empörung: »Was?! Beutner, was erlaubst dir im Unterricht … ach so, ja … äh …« – Resignation, schon wieder aufs Glatteis geführt …

Der Skandal im Planetarium: Herr Dr. Hemmerling, auch so ein Prachtexemplar von einem Physiklehrer, führt seine 12b in die verdunkelte Kuppel: »Nehmen Sie bitte Platz, meine Herren! Wir teilen uns heute diese großartige wissenschaftliche Einrichtung mit der 12a vom Mädchengymnasium, die Sie ja schon vom Tanzkurs her kennen.« Die Damen laufen ein, leises Tuscheln, sie nehmen Platz. »Ich hoffe, Ihre Augen haben sich an die Dunkelheit gewöhnt und wir können beginnen!« Herr Dr. Hemmerling hat nur Augen für die Konstellationen an der Himmelskuppel und bemerkt die eigentümliche Sitzordnung nicht – Männlein-Weiblein – Männlein-Weiblein – Männlein-Weiblein – Männlein-Weiblein – Männlein-Weiblein … So romantisch kann Physik sein.

Das Komaaroma

So mancher Schüler würde auch nach Jahrzehnten noch die einzelnen Räume in seiner Schule am Geruch erkennen, oft eine Mischung aus Bohnerwachs, dem Aroma vertrockneter Pausenbrote, mit einer Kopfnote von Kohleofen und Schulkakao. Besonders intensiv prägte sich das unvergleichliche Aroma der Turnhalle bei manchen Schülern ins Gedächtnis ein: eine Mischung mit einer soliden Basis aus Käsefuß von alten Socken und Schweiß von durchgeschwitzten Sporthemden und -hosen ganz unten im finsteren Bodenbereich der Schülerspinde, einer Herznote aus dem Gummi von Mattenwagen, dem Leder von Medizinbällen und einem Hauch Moder wie in einer Burgruine. Von fern her, nämlich aus den Schülertoiletten, weht eine dezente Spur Urin und ein wenig vom Duft der Klosteine herüber. Eine wunderbare Atmosphäre – das ist Heimat!

Germanistische Feldforschungen

Die wahrscheinliche Ursache für das Sammeln von Lehrerstilblüten liegt in der Tatsache, dass Unterricht in der Vergangenheit sehr langweilig sein konnte. Zum einen handelte es sich immer um Frontalunterricht, zum anderen wurde jeder Schüler drastisch bestraft, wenn er versuchte, das Unterrichtsgeschehen durch den einen oder anderen kleinen Scherz aufzulockern. Also hing jeder an den Lippen des Lehrers und lachte gehässig in sich hinein, wenn dieser wieder einmal haarsträubenden Unsinn erzählte. Und: Das musste dokumentiert werden! So wurde sie in manchen Klassen zur Sportart, die Jagd nach immer neuen Lehrerstilblüten.

Der Urvater aller Stilblüten produzierenden Lehrer hieß Johann Georg August Galletti (1750 bis 1828) und unterrichtete im 18. Jahrhundert an einem Gymnasium in Gotha. Ihm werden – zu Recht oder zu Unrecht – sprachliche Meisterwerke nachgesagt, die weniger der Bildung als der Unterhaltung seiner Schüler gedient haben dürften. Einige seiner Kathederblüten:

Auf schwarzen Bergen sind schwarze Tiere schwarz.
Das Schwein führt seinen Namen zu Recht, denn es ist ein sehr unreinliches Tier.

Der afrikanische Löwe wächst bis zum zehnten Jahr, und von da an wird er immer größer.

Der Kolibri ist der kleinste Vogel im Pflanzenreich.

Die Faultiere leben im tropischen Südamerika und zeichnen sich dadurch aus, dass sie sich von jeder Tätigkeit mit Fleiß fernhalten.

Die Kohlmeise ist von der Blaumeise dadurch zu unterscheiden, dass sie blau ist.

Die Regierungen der Päpste waren nur kurz, obgleich immer der Sohn auf den Vater folgte.

Es gibt viele, die nicht reden, wenn sie verstummen sollten, und andere, die nicht fragen, wenn sie geantwortet haben.

In der Sahara liegt der Sand so locker, dass heute da Berge sind, wo morgen Täler waren.

In Persien sind manche Berge so hoch, dass der Schnee nur auf Maultieren heruntergeschafft werden kann.

Nach der Schlacht von Leipzig sah man Pferde, denen drei, vier oder noch mehr Beine abgeschossen waren, herrenlos herumlaufen.

Nächsten Mittwoch ist Äquator.

Was die Farbe des Mondes betrifft, so ist sie gewöhnlich groß.

Was dem hochgebildeten Pädagogen der Vergangenheit geschah, findet auch heute noch jeden Tag hundertfach in Unterrichtsstunden statt. Es lohnt sich, eine Sammlung von Lehrersprüchen anzulegen, die mit jedem neuen Eintrag zu einem künftigen Quell der Heiterkeit werden kann. »Was uns auf den ersten Blick wie ächter Humor erscheint, wird auf den zweiten noch viel alberner daherkommen!«, würde vielleicht Herr Professor Galetti sagen.

Nostalgisches: Streiche, Stilblüten und Strafarbeiten

Schwamm auf dem Stuhl und Zettel an der Jacke

Was wäre die Schule ohne Schülerstreiche? Es gibt eine Reihe von bewährten Standardscherzen, die in zahlreichen Veröffentlichungen festgehalten sind. Der Wassereimer auf der Tür – ein übel gefährlicher Streich –, das Furzkissen, die Kartoffel im Auspuff des Lehrer-PKW – hier einmal ein paar andere aus der Erinnerung …

Eigentlich wollten die Schüler ja das Auto ihres Klassenlehrers mit Klopapier einwickeln. Dann war aber so viel Klopapier da, dass sie zunächst überlegten, den Klassenlehrer selbst in die Verpackungsaktion einzubeziehen, sich dann aber zu einer anderen künstlerischen Performance entschlossen: Sie warfen alle Klopapierrollen wie Luftschlangen aus den Fenstern des Klassenzimmers, das sich im dritten Stock an der linken Seite des Gebäudes befand und eine breite Fensterfront hatte. Da auch noch ein leidlich heftiger Wind wehte, bot das Lehrinstitut von außen ein beeindruckendes Bild – und das Jahre vor Christo! Die Folge war große Begeisterung der Schülerschaft – ausgenommen die Schüler, die ohne Klopapier auf den Toiletten festsaßen. Auch der Lehrkörper mochte den künstlerischen Wert des Happenings nicht anerkennen. Man suchte nach den Verantwortlichen, fand aber nichts als leere Papprollen …

Eine Parallelklasse hatte einen noch handfesteren Einfall: Der Sohn eines Bauunternehmers nutzte den bequemen Zugang zum Material, schleppte in wochenlanger, akribisch geplanter Aktion einzelne Bausteine in die Schule, ließ sich dann eines Abends im Gebäude einschließen und mauerte über Nacht das Klassenzimmer zu. Er kam glimpflich davon, weil sein Streich als einer der ersten Abiturscherze des Jahrgangs gewertet wurde, vielleicht aber auch, weil sein Vater immer wieder bedeutende Spenden für die Schule beigebracht hatte.

Ein charmanter Streich: Weil Lehrer Herbmülles zu extremen Körpergerüchen neigte und diese nicht bekämpfte, fand er eines Morgens einen Karton mit zwölf Dosen eines Deodorants auf seinem Schreibtisch. Und an der Tafeleine in sorgfältiger Schönschrift verfasste Gebrauchsanweisung für die Anwendung des Mittels.

Fast einen Herzschlag bekam Frau Dr. Schlicht-See-lich, als sie eines Morgens ihren neuen roten Kleinwagen in Weiß vorfand. Jemand hatte offenbar das Fahrzeug neu lackiert – nein, es war nur komplett mit Tapetenkleister eingestrichen und anschließend großzügig mit Mehl überstreut worden. Der Streich hatte allerdings nicht die erwünschte Wirkung; alle hatten Mitleid mit der armen Pädagogin und der Hausmeister befreite ihr Fahrzeug mit einem sensibel geführten Dampfstrahler von der Verunstaltung.

Die Glibber-Klinke veranschaulicht den Schülern auf einfache Weise das Verhalten ihres Lehrers oder ihrer Lehrerin in einer Ausnahmesituation. Wer schaut schon genau hin, bevor er eine Türklinke in die Hand nimmt? Bestrichen mit Mayo, Senf, Hairstyling-Gel, Marmelade oder Tapetenkleister, vermittelt sie dem Lehrkörper ein überraschendes Ausnahmegefühl, auf das er oder sie nur spontan und expressiv reagieren kann.

Der Kassettentausch konnte zu Zeiten des Videorecorders für überraschende Erheiterung im Unterricht sorgen. Statt »Wind – die unsichtbare Kraft« auf VHS schiebt der Lehrer die Kassette ein, die ihm seine Schüler im Austausch bereitgelegt haben. Was auf dieser Kassette zu sehen ist, hängt von der kriminellen Energie und Boshaftigkeit der Schüler ab. Nur so viel: Ein Bollywood-Schmachtfetzen ist garantiert ein Lacherfolg, während Filme, deren Handlung hauptsächlich unter der Gürtellinie spielt, langfristige Folgen bis hin zu einem Knick in der schulischen Laufbahn nach sich ziehen können …

Vorgestern, gestern und bis heute

Und jeder weiß, wer gemeint ist …

Vermutlich trugen viele pädagogischen Größen in der Schule der Vergangenheit niedliche Spitznamen, neudeutsch Nicknames. Nein, sie waren und sind nicht Dokumente der Missachtung gegenüber der Lehrerschaft, sondern im Gegenteil Anzeichen einer liebevollen Zuwendung. Echte Namen sind irgendwie zufällig und wenig bezeichnend. Was assoziiert man schon, wenn der Spion vor der Klassentür verkündet: »Setzt euch, liebe Mitschüler! Der dünne Herr Dr. Schmitz verlässt soeben das Lehrerzimmer und bewegt sich eiligen Schrittes auf unserer Klasse zu!« Viel zu lang, viel zu umständlich, und es klingt einfach netter, wenn es zu Beginn des Unterrichts kurz, knapp und prägnant heißt: »Auf die Plätze! Latte kommt!« Das strotzt vor Leben! Latte wusste nicht, dass er »Latte« genannt wurde, aber gerade darin lag ja der Reiz. Und genau das ließ zahllose Schülerhirne auf Hochtouren laufen, um für jeden Lehrer im Kollegium den exakten Scherznamen zu finden. Es könnte einer der folgenden gewesen sein:

- langer Lehrer / lange Lehrerin – Bohnenstange, Latte, Fernsehturm
- dicker Lehrer / dicke Lehrerin – Knubbel, Klötzchen, (Wonne-)Proppen, Specki, Fetti, Blubb, Klops, Miss Piggy, Whopper, Pudding
- Musiklehrer – Tastenhengst, Klimperkopf, Tonleiter
- Musiklehrerin – Tonleiterin, singende Säge
- Religionslehrer – Gotteskaspar, Papst, Erlöser, Buddha (wenn er dick war)
- Religionslehrerin – Erzengel, Kreuzspinne
- Chemielehrer – BASF, Dr. Strange, Berthold Schwarz, Knalli
- Chemielehrerin – Hexe, Giftmischerin
- Klassenlehrer – Klassi, Oberindianer, Chef, Boss, Guru, Obermacker, Teamchef
- Klassenlehrerin – Chefin, Generalöse, Schwester Oberin
- Direktor – Direx, Konzernchef, Gott Vater
- Direktorin – Letzte Instanz, Gottes Stellvertreterin auf Erden
- autoritärer Lehrer – Diktator, Hitler, Stalin
- autoritäre Lehrerin – Domina, Schwarze Witwe
- aggressiver Lehrer – Rakete, HB-Männchen, Terminator, Robocop
- nervöser Lehrer – Klopfer, Nerblo, Nervenbündel, Psycho
- Lehrer mit Bart und langen Haaren – Hippie, Yeti, Gestrüpp, Seuchenherd

Setzen wir ihnen doch ein Standbild! – Lehrertypen

Sie haben bleibende Erinnerung hinterlassen, sei es durch ihr Handeln oder einfach durch den Ruf, der ihrem Beruf voraus- oder nacheilte. Da wäre zum Beispiel die exaltierte Musiklehrerin Frau Sattmann, die Frau mit der gefährlichen Stimme, von der man sich erzählte, sie habe in einem Streit mit einem Lehrerkollegen dessen Brillengläser »zersungen« – oder der Geschichtslehrer Brömmel, der in den Ferien nicht etwa im antiken Troja, sondern im FKK-Gelände Zieselsmaar zu finden war, wo es zu einer Begegnung der dritten Art mit seinem Schüler Thorsten Wennemann kam. Oder Chemielehrer Hollmeier, der in seinem Keller heimlich eine kleine private Schnapsbrennerei betrieb, deren äußerst geistvolle Produkte ihn dazu veranlassten, seinen Oberprima-Leistungskurs zu einer Verkostung einzuladen. Ein anderes Opfer des Alkohols war Religionslehrer Fürbach, dessen nachmittägliche philosophische Gespräche in ausgewählter Schülerrunde zu einer Weinprobe ausarteten. Setzen wir ihnen allen ein Denkmal, am besten übergroße Skulpturen in Marmor, platziert direkt vor dem Eingang unseres virtuellen Schulgebäudes der Erinnerungen …

Lehrer mit Macke: wertvolles Schülerwissen

Ein großes Ziel der Pädagogik ist es, junge Menschen auf den Weg durch ein langes Leben vorzubereiten. Das allerdings kann – sowohl kurzfristig als auch auf längere Sicht – eine ganze Weile dauern. Und es langweilt die betroffenen Erziehungsopfer, was besonders in den Schwafelfächern Geschichte, Religion oder Philosophie zu starken Ermüdungserscheinungen führen kann. Da erweist es sich als durchaus hilfreich, wenn die Schülerschaft über ein gesichertes Wissen über die Vorlieben ihres Pädagogen verfügt und an geeigneter Stelle geschickt bestimmte Register ziehen kann. Auch hilfreich lässt sich solches Geheimwissen einsetzen, um die Abläufe und Geschehnisse in einer Unterrichtsstunde zu lenken, wenn nämlich Schüler oder Schülerinnen mal wieder völlig unvorbereitet und mit Aussicht auf eine Blamage in die betreffende Stunde gegangen sind.

Aber es geht keineswegs immer nur um Wissen, das als Druckmittel eingesetzt werden kann. Welcher Schüler würde es anstreben, seinen Lehrer zu erpressen? So etwas macht man doch nicht. Vielmehr lassen sich manche menschlichen Eigenheiten und Absonderlichkeiten geschickt ausnutzen:

Entwickelte unser Geschichtslehrer nicht ein Schach-spiel für drei Personen? Einmal darauf angesprochen, begann ein mindestens dreißigminütiger Vortrag über die damit verbundenen Schwierigkeiten, der meist von der Pausenglocke beendet wurde.

Über den Religionslehrer Klingelmann gab es zwei ver-wertbare Fakten: Er hatte a) im Jahr zuvor eine Reise in den Vatikan unternommen und b) ein Gedächtnis wie ein Sieb. »Herr Studienrat, erzählen Sie doch bitte mal, Sie ha-ben tatsächlich den Papst persönlich getroffen, so Auge in Auge?« Zwar hat Herr Klingelmann schon mindestens dreimal darüber berichtet, aber da er in mehreren Klassen unterrichtete, wusste er nicht mehr, wann er wo was er-zählt hat. Unterrichtsstunde gelaufen, die hinteren Reihen machten es sich, aufgestützt auf die gebeugten Arme auf der Bank, bequem, die Reihen eins und zwei schliefen auf-recht in einer Art Wachkoma. Nur ein einziger Schüler oder eine besonders wache Schülerin in der ersten Reihe muss-te hin und wieder eine motivierende Zwischenfrage stellen: »Und? Hat er diese Papstkrone getragen, diese … Karina, äh … Kiara?« Allein die Begriffskorrektur und die detaillierte Beschreibung der Tiara brachten wieder eine Viertelstunde gesunden Schulschlafs …

Sportunterricht: Stehen wie die Bäume!

Sportlehrer sind eine ganz besondere Art. Sie schreiten in einer Art federnder Fitness nicht nur durch das Leben, sondern auch durchs Schulgebäude, jeder Zentimeter aus trainierten Muskeln bestehend, aber manchmal mit Schwächen in der sozialen Kompetenz oder ganz einfach im Oberstübchen.

Herr Albanus, aufrechter Mittsechziger kurz vor der Pensionierung, pflegte seine Unterrichtsstunden regelmäßig mit einem Appell und dem Ausruf »Stehen wie die Bäume!« zu beginnen, woraufhin die in Reih und Glied angetretenen Schüler ihre Körperhaltung zu straffen hatten. Mehr wollte er eigentlich nicht. Da er aber diesen Appell häufig abgewandt von den Schülern zelebrierte, nahmen diese die Gelegenheit wahr, ihr darstellerisches Können in Sachen Baum zu demonstrieren. Mit den Armen als Astwerk schufen sie menschliche Skulpturen zahlloser Baumarten von der Trauerweide über die Krüppelkiefer bis zum Weihnachtsbaum. Die jeweils dargestellte Art flüsterte man sich zu, was den Wald hinter Herrn Albanus ausgesprochen lebhaft und lustig werden ließ. Er hat diese Performance niemals bemerkt – oder niemals zu erkennen gegeben, dass er sie bemerkt hatte …

Apropos bemerken: Da gab es einen Sportlehrer, der nicht bemerkte, dass wir beim Dauerlauf auf dem Schulhof geschickt die Geländeeigenschaften des Rundkurses ausnutzten und hinter den überdachten Fahrradständern eine Runde pausierten – mancher rauchte sogar eine Zigarette. So wurde aus dem Tausendmeterlauf (vier Runden) schnell mal eine Light- oder Wellness-Version, und wenn am Ende jemand aus der Puste war, dann durch Roth-Händle oder Gitanes. Schwarzer Tabak war bei dieser Art von Läufern sehr beliebt.

Ein anderer Sportpädagoge leistete ungewollt Enormes beim spontanen Vorturnen am Reck – er ging als Meister der fliegenden Turnhose in die Schulgeschichte ein, beeindruckte – und erschreckte – aber durch eine gewisse anatomische Größe.

Schüler sind bekannt für das gnadenlose Ausnutzen von weichherzigen Lehrern, die unter den Sportlehrern ausgesprochen häufig vorkommen. Das funktioniert so: Wenn einem Schüler gerade einmal nicht nach Sportunterricht ist, setzt er sich mit gesenktem Kopf auf eine Bank in der Umkleide und stöhnt leise vor sich hin. Vom Lehrer auf seinen Zustand angesprochen, raunt ihm der Schüler vertraulich ins Ohr: »Herr Studienrat, ich habe gestern … Sie wissen ja, wie das ist bei uns Jugendlichen, ich habe gestern … geraucht, und heute geht es mir derart schlecht, ich muss erst einmal regenerieren (keuch) und … würde heute nur ungern, aber ausnahmsweise einmal den Sportunterricht ausfallen lassen …« Aber gern doch, so viel entgegengebrachtes Vertrauen darf man nicht mit Härte bestrafen, und weil es zufällig die letzten beiden Unterrichtsstunden sind, geht der geschwächte Schüler schon einmal rüber in die Kneipe, trinkt ein Bier, raucht entspannt eine Zigarette und wartet auf den ausgepowerten Rest der Oberprima. Schließlich ist man zu einem bedeutenden Spiel am Kickerautomaten verabredet. Etwas Sport muss sein.

> **Bis 1964 überall üblich**

Die Namen der Klassen am Gymnasium

Apropos Oberprima: Wer auf die Idee gekommen ist, die Klassen im Gymnasium rückwärts zu zählen und die erste Klasse – die Prima – ganz ans Ende der Schullaufbahn zu stellen, ist schwierig herauszufinden, denn darüber liegt der dunkle Mantel der Schulgeschichte. Jedenfalls weiß jeder Schulennostalgiker, dass die erste Klasse nach der vierten Klasse der Grundschule Sexta und die folgende Quinta hieß.

Zur besseren Übersicht: hier die ganze Liste. Das Gymnasium begann mit der Unterstufe:

Sexta – die 5. Klasse (die Schüler hießen Sextaner)
Quinta – die 6. Klasse (war bevölkert von Quintanern)
Quarta – die 7. Klasse (voller Quartaner)

Und wer diese drei Klassen hinter sich gebracht hatte, erreichte die Mittelstufe:

Untertertia – die 8. Klasse (mit den … Sie wissen schon.)
Obertertia – die 9. Klasse
Untersekunda – die 10. Klasse

Wobei mit dem ganzen Ober- und Unter- jede Logik auf der Strecke geblieben ist und die Oberstufe erreicht wurde:

Obersekunda – die 11. Klasse
Unterprima – die 12. Klasse
Oberprima – die 13. Klasse

1964 entschlossen sich die Kultusminister der Länder im Zuge des Abkommens zur Reform des Schulwesens, diese Bezeichnung abzuschaffen und durch die Fortführung der Jahrgangsstufen zu ersetzen – also von der fünften bis zur dreizehnten Klasse.. Es dauerte aber Jahre, bis sich diese Regelung bundesweit durchsetzte, was zwar die Klarheit erhöhte, dem Gymnasium aber einiges von seinem elitären Charme nahm. Was machte das schon her – Schüler der Klasse dreizehn? Als Oberprimaner war man wer in der Schulhierarchie, das klang wie ein Dienstgrad oder ein Titel, und man fühlte sich einfach besser.

Tom Hü

Alle seine Schüler sind ihm dankbar für das Große Latinum und die Tatsache, dass ihnen die durch ihn erworbenen Lateinkenntnisse ein Leben lang geholfen haben, Fremdworlklippen zu umschiffen und moderne Fremdsprachen zu erlernen. Nur vergessen wir, seine Schüler, allzu oft seine Verdienste, denn im Vordergrund der Erinnerung steht seine wichtigste pädagogische Maßnahme. Drohte die Klasse über die Stränge zu schlagen, so führte dieser begnadete Pädagoge eine große Geste aus, wischte mit dem rechten Arm durch den leeren Raum vor seinem Gesicht und stieß dabei ein deutliches »Hüü!« aus, um die jungen Pferde zu zügeln. Die allerdings erheiterte diese erzieherische Handlung über alle Maßen, denn aus der Perspektive der Schüler sah es so aus, als würde er sich mit dem Ärmel seines Jacketts die triefende Nase abwischen … Ja, es half tatsächlich, die Störungen hatten ein Ende, denn wer lachen oder lächeln muss, kann nicht randalieren. Ein weiteres Kleinod aus seiner Hinterlassenschaft: »Wer nach dieser Unterrichtsstunde meint, ›de bello gallico‹ hieße ›die hübsche Gallierin‹, hat eindeutig geschlafen!« Um ehrlich zu sein: Ich hielt »bello« anfangs für einen Hund.

Der Schieler

Es gibt Menschen, die bestimmte Berufe nicht unbedingt ergreifen sollten, auch wenn sie sich dazu berufen fühlen. Kurzbeinige Marathonläufer werden ebenso wenig in der Weltspitze dieser Sportart zu finden sein wie manche Pädagogen mit gewissen Einschränkungen. Ein solcher war Herr Mustermann – nennen wir ihn einmal so –, der sich berufen fühlte, Englischlehrer zu werden. Er war ein langer, extrem dünner Mann mit beginnender Glatze – und einem unglaublichen Silberblick. Er schielte, wie niemand von uns Schüler je einen anderen Menschen hatte schielen sehen. Sicher hätten wir uns nach einer Weile an ihn gewöhnt und hätten über seinen besonderen Blick hinweggesehen, aber neben diesem Problem hatte er ein weiteres, vermutlich damit verbundenes: Er war unglaublich unsicher – so unsicher, dass sein Englischunterricht heute bei YouTube gute Chancen auf Millionen von Klicks gehabt hätte. Seine Aussprache des wunderbaren englischen Wortes »immediately« brachte ganze Klassen »immediately« in völlig chaotische Zustände: »i-mi-di-atte-lii« versuchte er einem besonders boshaften Schüler die Aussprache Stück für Stück zu erklären, der sich dumm stellte, bewusst Blödsinn von sich gab und sich vor Lachen kringelte. Schlimmer noch war: Herr Mustermann kannte die Klasse nicht und musste deshalb, wenn er einen Schüler aufrufen wollte, ihn mit einem Blick in seine Richtung auswählen. Natürlich war es nicht der aufgerufene Schüler, der aufstand, sondern sein zweiter Nebenmann links … Nein, Herr Mustermann machte die Prüfung nicht, eines Tages war er einfach verschwunden, und seltsam, kaum einer in der Klasse verspürte Schuldgefühle …

So etwa 1969

Er hat geheiratet!

Inspektor Columbo, damals noch ausschließlich im US-Fernsehen aktiv, hätte sein modisches Vorbild sein können, hätte er ihn gekannt. Lehrer Hollmann trug zu weite Schlabberhosen, ein offenes Hemd mit locker um den Hals baumelnder Krawatte, wobei Hemd und Binder sich im ästhetischen Kriegszustand miteinander zu befinden schienen, so verbittert, wie sich ihre Musterungen und Farben bekämpften. Dazu ein mindestens Drei-Tage-Bart und der Duft nach schwarzen Zigaretten – so betrat er jeden Morgen das Schulgebäude. Aber er war ein sehr guter Mathematiklehrer und deshalb von den Schülern respektiert. Dann, es war am Tag nach den Sommerferien, geschah etwas, was die gesamte Schule in Aufruhr versetzte: Lehrer Hollmann näherte sich dem Gebäude, und mit jedem Schritt fielen weitere Unterkiefer der Schüler- und Lehrerschaft vor lauter Staunen herab: Zuerst bemerkte man ein dezentes Aftershave, das die Aufmerksamkeit auf frisch rasierte Wangen lenkte. Verblüfft bewunderten alle Zuschauer ein hochmodisches Jackett in Taubenblau, dazu gebügelte Hosen, ein pastellblaues Hemd mit Fliege – und ganz oben ein überaus zufriedenes Gesicht. Lehrer Hollmann hatte geheiratet!

1972

Die Eiserne Lady

Die Schüler trauten ihren Augen kaum, als sie zum ersten Mal die Klasse betrat: eine Lehrerin im Jungengymnasium! Aber nicht nur das verursachte die kollektive Verwunderung: Die Dame wirkte wie ein Fossil: schwarze, zu einem strengen Knoten gebundene Haare, Nickelbrille, ein schwarz-braunes, bodenlanges Kleid aus einem Urweltmaterial (Mammutwolle?), das jedes Heimatmuseum sofort in den Fundus übernommen hätte, schwarze, hochglänzende Schuhe mit halbem Blockabsatz. Ein bisschen wirkte sie wie eine Flamencotänzerin, allerdings wie eine aus dem letzten Jahrhundert. Sie unterrichtete Mathematik und wir ahnten nichts Gutes. Als sie den Mund aufmachte, fanden wir unsere schlimmsten Befürchtungen bestätigt: Ihr Befehlston hätte in jedem Dominastudio und auf jedem Kasernenhof Bestand gehabt. Das würden harte Zeiten werden.

Der Schülergeheimdienst fand heraus, dass sie mit einem hohen Bundeswehroffizier verheiratet war, und streute sofort das Gerücht, dass er von ihr das Töten und sie von ihm das Rechnen erlernt hätte. Erwartungsgemäß hinterließ ihr Unterricht zahlreiche Opfer, gescheitert an dem Versuch, diese pädagogische Festung durch den einen oder anderen Schülerscherz zu stürmen – sie bestrafte gnadenlos, humorlos und mit wenig angemessener Härte, informierte auch bei Lappalien die Eltern, bewertete Leistungen bewusst schlecht, ließ Schüler mit Problemen hängen und in keiner Weise mit sich reden.

Erfolgreich war dieses Konzept nicht – es provozierte und förderte die Eskalation. Die kam in Form eines Schülerstreiks – eine ganze Klasse ignorierte sie. Es war keine schöne Szene, als sie nach den üblichen Straf- und Bedrohungsversuchen weinend die Klasse verließ.

Die Schüler bekamen, was sie wollten: jemanden, der ihnen zuhörte – das war der Rektor. Der stellte fest, dass es durchaus Einsicht auf der Schülerseite gab, sich aber auf der anderen Seite nicht sehr viel bewegte. Der kluge Mann verordnete Friedensverhandlungen unter seiner Aufsicht, er war ein früher Mediator, der es verstand, Dinge auf den Punkt zu bringen. Er und zwei Schülervertreter fanden heraus, warum die Eiserne Lady so handelte: Sie hatte Angst! Der Gedanke, dass ihr alles aus dem Ruder laufen könnte, bescherte ihr schlaflose Nächte. Verwundert stellten die Schülervertreter fest: Auch in der Person einer Lehrerin gibt es einen gewissen menschlichen Anteil. Man vereinbarte Stillschweigen über die Gespräche und einen Waffenstillstand.

Der Mathematikunterricht in den nächsten Wochen verlief zunächst kühl und distanziert, später mit steigendem Interesse auf beiden Seiten und durchaus auch mit Erfolg. Die nächste Klassenarbeit zeigte ein gutes Ergebnis. Die Klasse bedankte und entschuldigte sich für das, was geschehen war. »Ich war daran nicht unbeteiligt«, das war der einzige Satz, den sie zu dem Geschehen sagte. Auf den Einsatz der Bundeswehr verzichtete sie.

> Von 1783 bis heute

Fleißkärtchen: die positive Verstärkung

Ja, es gab auch eine positive Verstärkung in der Schule der Vergangenheit: das Fleißkärtchen, eine Belohnung für fleißig lernende Schüler. Erfunden haben es wohl – jedenfalls nach dem heutigen Stand der Forschung – Hamburger Pädagogen. Sie brachten 1783 erstmals ein Fleißkärtchen unter die Schüler, und zwar ein im Kupferstichverfahren gedrucktes Bild. Es war laut Wikipedia mit dem Satz beschriftet: »Beweis, dass Vorzeiger dieses, mein lieber Schüler sich diese Zeit über in meiner Schule ganz besonders gut verhalten …«

Mit den Veränderungen im Druckverfahren von Kupferstich und Holzstich zur Lithografie und Mitte des 19. Jahrhunderts zur Chromolithografie wurde der einzelne, jetzt sogar farbige Druck immer preisgünstiger – das heißt, auch die Fleißkärtchen wurden immer billiger und deshalb häufiger verteilt. Dies entwertete ein Fleißkärtchen für einen Schüler oder eine Schülerin aber nicht – in einer Zeit, in der eine farbige Abbildung etwas ganz Besonderes war, hütete jeder sein Fleißkärtchen wie einen Schatz. Motivierende Aufschriften wie »Dem braven Kinde« oder »Immer fleißig und folgsam« oder »Für vorbildliche Leistungen« taten ein Übriges.

Besonders beliebt waren Fleißkärtchen im Religionsunterricht, konnten dort doch kleine Heiligen- und Andachtsbildchen zugleich den fleißigen Schüler loben und für die gute Sache – die richtige Religion – werben. Entsprechend versorgten sowohl die katholische als auch die evangelische Kirche die Schüler mit bunten Bildchen.

Bis in die frühen 1960er-Jahre waren Bilder als Belohnung und Motivationshilfe weit verbreitet. In späteren Jahren des 20. Jahrhunderts sah man sie als ein Relikt der alten Zeit und distanzierte sich von der damit verbundenen Art des pädagogischen Denkens.

Das Fleißkärtchen überlebte in dieser Zeit nur redensartlich und wurde zur Metapher für die Geringschätzung einer Leistung: Jemand hatte etwas getan, für das er ein buntes Stück Papier verdiente, aber keine echte Anerkennung.

Heute gibt es sie wieder, jeder Pädagoge hat eine große Auswahl; sie sind im Internet bestellbar und mit zahllosen sinnreichen und lustigen Sprüchen und Abbildungen versehen – durchaus eine spielerische Form der Motivation. Über die ursprüngliche Funktion hinaus werden Fleißkärtchen auch zu Sammelobjekten oder können zu einem Puzzle zusammengesetzt werden, was den Spaß an ihrem Erwerb erhöht. Konkurrieren müssen sie allerdings mit Sternchen zum Aufkleben, Motivstempeln (mit fleißigen Bienchen) oder speziellen Beglaubigungen wie »Rechengenie!« und »Sehr sauberes Heft!« Hinzugekommen sind auch Ermahnungen, so etwa »Träum nicht!« oder »Zu spät gekommen!«. Ein gewisser Suchteffekt bei den Schülern kann allerdings dazu führen, dass der Lehrer zu einem großen Teil der Unterrichtsstunde stempeln geht …

Vom 16. Jahrhundert bis in die frühe Neuzeit

Schreibe 100 Mal: »Ich darf nicht …«

Als Lehrer noch Schulmeister und Schüler noch Lausbuben waren, wurden Disziplinlosigkeit und schlechte schulische Leistungen über Jahrhunderte mit demselben Rezept behandelt: Strafe. Wer sich nicht an die vielfältigen Schulregeln hielt, wurde hart bestraft. Doch gab es auch hier schon gewichtige Unterschiede zwischen den einzelnen Lehrern. Freundliche Lehrer regelten Disziplinprobleme mit einem nachdrücklichen Gespräch oder im schlimmsten Fall mit Strafarbeiten; »strenge« Lehrer griffen zum Rohrstock.

»Die Rute macht aus bösen Kindern gute!« Diese wilhelminische Lehrerweisheit aus dem 19. Jahrhundert fasst es knapp zusammen. Als erzieherisch besonders wirkungsvoll galten lange Zeit Prügel. Lehrer hatten das Recht, mit einer Rute, mit einem Stock oder sogar einer Peitsche auf Kinder einzuschlagen, wenn sie meinten, dass diese die ihnen verordneten Aufgaben nicht hinreichend gut erfüllt oder sich falsch verhalten hatten. Ziel der Schläge waren meist das Hinterteil oder die Handflächen. Einzelne Lehrer prügelten auch auf die Waden ein. Prügel im Unterricht waren nicht etwa der Sonderfall – Kinder wurden regelmäßig aus mehr oder weniger nichtigen Gründen geschlagen. Es kam auch schon einmal vor, dass Schüler eine Tracht Prügel bezogen, weil der Lehrer schlechte Laune hatte. Das Züchtigungsrecht für Lehrer wurde in manchen Bundesländern in den 1960er-Jahren abgeschafft, in Bayern erst 1983.

Eine andere Bestrafung, verbunden mit sozialer Abwertung, war das In-der-Ecke-Stehen. Der unbotmäßige Schüler musste sich in eine Ecke des Raumes stellen, meist mit zur Wand gewendetem Gesicht. Er durfte erst wieder zurück zu seiner Bank, wenn dies dem Lehrer geboten erschien. Häufig mussten die zu bestrafenden Schüler dazu eine Eselsmütze mit langen Ohren oder einen Eselsschwanz tragen. Diese entwürdigende Art der Bestrafung wurde den Lehrern erst gegen Ende der 1990er-Jahre untersagt.

Beim Nachsitzen als Strafe mussten Schüler länger in der Schule bleiben und dort mehr oder weniger sinnvolle Aufgaben erledigen. Weil das Nachsitzen mancherorts in

Verruf geriet, wurde es auch »Förderunterricht« genannt, obwohl in diesem Fall von Förderung keine Rede sein konnte. Das Nachsitzen war eine zwiespältige Strafe, denn auch der Lehrer musste seine Arbeitszeit verlängern. Dennoch gab es Lehrer, bei denen machte es sogar Spaß nachzusitzen, weil sich endlich einmal Zeit für ein Schüler-Lehrer-Gespräch fand. In manchen Bundesländern darf das Nachsitzen heute noch durch Lehrer oder Schulleiter angeordnet werden.

Vermutlich weil das Knien aus der Kirche bekannt war und als unangenehm empfunden wurde, wenn man es allzu lange erdulden musste, setzte man es auch in der Schule als Strafe ein. Um das Leiden zu verstärken, mussten Schüler auf rohen Holzstücken, auf Kieselsteinen oder auf Erbsen knien.

Die meisten schriftlichen Strafarbeiten waren unsinnig und dumm, auch wenn der Pädagoge oder die Lehrerin versuchten, dem Geschriebenen Sinn zu verleihen. So lautete der Auftrag dann etwa: Schreibe hundert Mal …

Ich muss immer pünktlich zum Unterricht erscheinen.
Ich darf nicht schwätzen.
Ich darf während des Religionsunterrichts nicht schnarchen.
Ich darf meinem Lehrer nicht in die Aktentasche pinkeln.
Ich darf meinen Lehrer nicht bespitzeln, wenn er abends einmal ausgeht.
Ich darf meinen Lehrer nicht duzen.

Über den Sinn solcher Arbeiten kann man streiten. Sie gelten manchem als stupide, mechanische Strafmaßnahmen und sind ohnehin verboten.

Sollte man annehmen, so ist es aber nicht. Das Bayerische Gesetz über das Erziehung- und Unterrichtswesen, kurz BayEUG, erwähnt die Strafarbeit nicht, gestattet allerdings nach Artikel 86 Abs. 1 S. 1 Erziehungsmaßnahmen für die Sicherung des Bildungs- und Erziehungsauftrags oder zum Schutz von Personen und Sachen. Nordrhein-Westfalens Schulhierarchie erlaubt den Lehrern die »Beauftragung mit Aufgaben, die geeignet sind, das Fehlverhalten zu verdeutlichen«. Diese Erlaubnis zur Strafarbeit findet sich unter Artikel 53 Abs. 2 NRW SchulG. Wer es genau wissen will, muss das Schulgesetz des jeweiligen Bundeslandes studieren – und am besten gleich auch noch ein Jurastudium anhängen, denn die Möglichkeiten einer pädagogischen und juristischen Verklausulierung sind vielfältig.

Ich darf meinen Lehrer nicht duzen! Genau diesen Satz hatte Schüler Thorsten als Strafe bekommen, weil er Herrn Hermersdorf vor der ganzen Klasse geduzt hatte. »Na, alles senkrecht, Hermann?« Das war zwar auch stupide, aber Schwamm drüber. Zum Erstaunen des Pädagogen zeigte Thorsten am nächsten Tag seine Strafarbeit vor – mehr oder weniger in Schönschrift 200 Mal der geforderte Satz »Ich soll den Lehrer nicht duzen.« Erstaunen bei Hermann Hermersdorf: »Aber warum hast du den Satz denn 200 Mal geschrieben?« Antwortet Thorsten: »Na, weil ich dir eine Freude machen wollte, Hermännchen, Alter!«

Bis ins 20. Jahrhundert hinein konnte es einem Schüler auch passieren, dass er in den Karzer – den Schulknast – gehen musste. Besonders effektiv beziehungsweise erzieherisch wertvoll war das aber nicht, denn wie kriminelle Clanmitglieder heute behaupten, würde erst das Gefängnis aus Jungen richtige Männer machen; so adelte den Schüler vergangener Tage ein Aufenthalt im Karzer in den Augen der übrigen Rabauken und Störer.

Aufrechten Hauptes kam der Missetäter nach abgeleisteter Strafe – oft waren es mehrere Stunden! – aus dem schulischen Verlies, meist ein etwas finsterer Kellerraum oder ein Zimmer im Souterrain, spartanisch eingerichtet mit nichts weiter als einem Tisch und einem Stuhl, denn schließlich sollte der Delinquent ja vor allem eines: ungestört über seine Missetat nachdenken. Zumindest humoristische Schulfilme vermitteln aber den Eindruck, dass die Gefangenen ihre Zeit vor allem dafür nutzten, sich in Graffiti an den Wänden zu verewigen – eine wunderschöne nostalgische Tradition.

Der hilflose Lehrer

Und wie kommt der Lehrer unserer Tage heute klar, so ganz ohne drakonische Strafen und einen Katalog von unangenehmen Erziehungsmaßnahmen oder negative Verstärkungen?

Manche sehen das so: Da war dann noch der geniale Chirurg, damals. Rettete Hunderte von Menschenleben. Bis man ihm das Skalpell wegnahm. Viel zu scharf, das Teil, welche Verletzungen man damit anrichten könnte ... Dann die Zangen und Klemmen – viel zu leicht als Folterinstrument zu missbrauchen! Und erst diese Medikamente! Drogen, übelste Rauschdrogen, so etwas gehört doch nicht in eine dem Menschen angemessene Medizin ... na ja, nun starben die Patienten wie die Fliegen ... Immerhin durfte der Chirurg ohne Werkzeug dann noch einen Brief an die Angehörigen schreiben: Ihr Bruder/Vater/Ehemann ist an einem bösartigen Tumor erkrankt, den Sie unbedingt in den nächsten Tagen entfernen sollten ...

Und ähnlich erging es dem Lehrer. Ganze Generationen wohlgeratener Menschen hatte er erzogen. Nein, ohne Prügelstrafe. Der geniale Chirurg hatte ja auch keinen Hammer benutzt. Aber dann musste auch er seine feineren Werkzeuge abgeben. In die Ecke stellen? Übelste Diskriminierung! Aus der Klasse schicken? Das wäre ja ein Ausschluss vom Unterricht, wie soll das Kind denn dann etwas lernen? Und erst die Aufsichtspflicht – was, wenn das Kind draußen auf dem Flur von einem LKW überfahren würde? Strafarbeiten? Unpädagogisch, sachfremd, verboten! Nachsitzen? Dann kommen die lieben Kleinen ja zu spät zum Schulbus! Zum Rektor schicken? Unmöglich, der hat doch viel zu viel mit Verwaltungsarbeit zu tun … Und hatten sie ihm seine Werkzeuge nicht auch schon weggenommen?

Da wäre dann möglicherweise noch die Eintragung ins Klassenbuch, eine furchtbare Bedrohung mit hoher erzieherischer Wirkung …

Leider wird auch dieses Werkzeug stumpf, wenn es allzu oft angewendet wird, und oft bleibt dem armen, leidgeprüften Pädagogen nur eine allerletzte Möglichkeit, die aber klarmacht, dass er mit seinen Mitteln am Ende ist: die Lautstärke seiner Stimme.

In Summa wurde aber, so meint die konservative Fraktion unter den Pädagogen, das Kind mit dem Bade ausgeschüttet: keine disziplinarischen Maßnahmen mehr für niemand – das schränke die Sanktionsmöglichkeiten ein. Immerhin darf der geniale Erzieher unserer Tage noch Briefe an die Eltern verfassen: »Ihr Kind braucht innerhalb des schulischen Zusammenlebens dringend disziplinarische Hilfen. Bitte schauen Sie morgen und an allen kommenden Tagen zwischen 8.00 Uhr und 13.30 Uhr in der Schule vorbei, um erzieherisch auf Ihr Kind einzuwirken. Mir sind nämlich leider die Hände gebunden.«

Der Hausmeister: Respektsperson und Schülerschreck

Nicht zu vergessen, da wäre noch eine Person, die zwar über keine pädagogische Ausbildung verfügt, aber in allen Schulen wichtige Aufgaben erfüllen und einen erheblichen Einfluss ausüben kann: der Pedell oder Hausmeister. Ausgetauschte Glühbirnen, tropfende Wasserhähne, die Wartung und Pflege der meist überalterten Heizung, der Schulgarten und die Beaufsichtigung der Putzkräfte gehören zu seinen Aufgaben. Zu den Abenteuern eines Hausmeisters der Vergangenheit gehörte die Rettung heruntergespülter Schlüsselbunde aus dem Lehrerklo (heute: Mobiltelefone) sowie Starthilfe für die maroden Rostlauben der Junglehrer.

Hingegen gehören Geschichten über das Schutzgeldimperium eines arglistigen Hausmeisters wie auch handgreifliche Übergriffe auf Schüler im Zuge einer vom Lehrer angeordneten Bestrafung – Lehrer durften Schüler in vielen Bundesländern seit den späten 1960er-Jahren ja nicht mehr schlagen, also erledigte das der Hausmeister …

Wirklich? Nein, natürlich sind das wieder nur urbanpädagogische Legenden wie die Spinne in der Grünlilie.

Also lautet ein Beschluss, dass der Mensch was lernen muss …

Viel zu unseren nostalgischen Vorstellungen von Schule trägt – besonders bei der älteren Generation – ein Kapitel in Wilhelm Buschs »Max und Moritz« bei, in dem das furchtbare Sprengstoffattentat der beiden Taugenichtse auf einen aufrechten Pädagogen, nämlich Lehrer Lämpel, geschildert wird: Schwarzpulver in der Pfeife – bitte nicht nachmachen! Zuerst allerdings liefert uns Wilhelm Busch eine wunderbare Darstellung der Aufgaben des Lehrers im Jahr 1865:

> Also lautet ein Beschluß:
> Daß der Mensch was lernen muß.
> Nicht allein das Abc
> Bringt den Menschen in die Höh,
> Nicht allein im Schreiben, Lesen
> Übt sich ein vernünftig Wesen;
> Nicht allein in Rechnungssachen
> Soll der Mensch sich Mühe machen;
> Sondern auch der Weisheit Lehren
> Muß man mit Vergnügen hören.
> Daß dies mit Verstand geschah
> War Herr Lehrer Lämpel da.
> Max und Moritz, diese beiden,

Mochten ihn darum nicht leiden.
Denn wer böse Streiche macht,
Gibt nicht auf den Lehrer acht.

Und das in sträflicher Art und Weise. Nun sollen aber hier
keine Untaten geschildert werden, wir wollen es bei einer
Würdigung des Opfers belassen. Wer unbedingt sehen
möchte, wie Lehrer Lämpel auf so verachtenswerte Weise
geschädigt wird, kann im Original nachlesen – überall im
Netz frei verfügbar.

1967 bis heute

Nostalgie auf Zelluloid: Schulfilme und ihre Helden

Während es 1967 in Schule und Universität so langsam
zu brodeln begann, denn die antiautoritären Jahre liefen
auf ihren Höhepunkt zu, produzierte die deutsche Filmin-
dustrie die erste von sieben Filmkomödien, die prägend für
die kollektive Wahrnehmung von Schule sein sollten: »Die
Lümmel von der ersten Bank«. Grundlage dieser filmischen
Meisterwerke war der satirische Roman »Zur Hölle mit den
Paukern« eines Fachmanns: Der Deutschlehrer Herbert
Rösler hatte dieses Buch unter dem Pseudonym Alexan-
der Wolf verfasst. Für viele sind die Akteure der Filmreihe
so etwas wie Verwandte aus ferner Vergangenheit gewor-

den: Oberstudiendirektor Dr. Gottlieb Taft, verkörpert durch Theo Lingen, sein Gegenspieler auf der Schülerseite Pepe Nietnagel, gespielt von Hansi Kraus, mit seinem Vater Kurt Nietnagel (unter anderem dargestellt von Gustav Knuth, aber auch von weiteren Schauspielern), Marion Nietnagel alias Uschi Glas, die Austauschschülerin Geneviève Ponelle (Hannelore Elsner), Studienrat Dr. Glücklich (Hans Clarin), Oberstudienrat Blaumeier (Harald Juhnke) und Hausmeister Georg Bloch (Hans Terofal). In sieben Filmen erwarben sich die Rollen und ihre Darsteller einen erstaunlichen Status der Vertrautheit bei ihren Zuschauern. Mehr noch: Man könnte glauben, alle deutschen Schauspieler und Schauspielerinnen mit Rang und Namen seien durch diese Schule des höheren Klamauks gegangen.

Sie führten fort, was 1944 mit Heinz Rühmann als Dr. Johannes Pfeiffer und Paul Henckels als Professor Bömmel in der »Feuerzangenbowle« begann. Diese Filme eignen sich auch heute noch bestens für einen nostalgischen Filmabend über die Schule.

Gut, in neuerer Zeit gibt es auch eine Schule – Hogwarts –, aber deren Magie speist sich nicht aus dem schulischen Leben – hier dekoriert ein historisches Internat nur die Geschichten über Zauberei. Potenzieller Kandidat für einen Kultfilm zum Thema Schule wäre vielleicht noch »School Of Rock« von 2003 und »Fack ju Göhte« von 2013. Beide schaffen es allerdings nicht, in so monumentaler Weise stereotyp zu sein wie »Die Lümmel aus der ersten Bank«.

Wenn man richtig darüber nachdenkt, war es lustig

Unsere Erinnerung kennt viele Wege, die Vergangenheit zu reflektieren und das Geschehene zu rekapitulieren. Neben Spielfilmen über die Schule liefert auch die scheinbar einfachste und kürzeste literarische Form Material für den archäopädagogischen Kortex, das verborgene beziehungsweise bisher noch unentdeckte virtuelle Nostalgiezentrum in unserem Gehirn: der Witz über die Schule. Was auf den ersten Blick wie ein mehr als simpler Gag daherkommt, steckt bei etwas Nachdenken voller Emotionen und Informationen zwischen den Zeilen, zum Beispiel über die weltanschauliche Ausrichtung einer Lehranstalt:

Katholische Grundschule. Nach dem Morgengebet beginnt der Biologieunterricht mit einem Rätsel: »Kinder, was ist das? Es ist klein, braun, hüpft von Baum zu Baum, hat einen buschigen Schwanz und mag gerne Nüsse. Na, wer kann es mir sagen?« In der ersten Reihe meldet sich Fritzchen: »Eigentlich würde ich ja sagen, das ist ein Eichhörnchen, aber wie ich den Laden hier kenne, ist es bestimmt das heilige Jesulein.«

Der folgende Scherz löst beim Zuhörer neben einer Portion Gelächter auch noch einen Gedankenimpuls zur hierarchischen Ordnung in der Schule aus. Lehrer und Schüler auf einer Höhe, Auge in Auge? Das folgende kurze Gespräch dokumentiert den Wunsch danach:

Der engagierte Junglehrer im Sozialkundeunterricht: »Wusstet ihr eigentlich, dass bei jedem Atemzug, den ich mache, ein Mensch stirbt?« Meldet sich Uwe aus der letzten Reihe: »Wollen Sie es nicht mal mit Mundwasser versuchen?«

Wie gern hätte jeder von uns mal so mit seinem Lehrer gesprochen und ihm eine Rückkoppelung über seine Wirkung auf die Schüler übermittelt?

Mit Freude erinnert sich jeder an das humoristische Potenzial, das in der Unwissenheit liegt und das jeder Schüler in der einen oder anderen Weise im Unterricht kennengelernt hat – als Stilblüte:

Geschichtsaufsatz. Stefan schreibt: »Als der Feldherr sah, dass die Schlacht verloren war, übergab er sich, und alle Soldaten taten es ihm nach.«

Ja, Schule konnte immer auch Spaß machen, besonders dann, wenn derart deftige Stilblüten vom Lehrer geliefert wurden.

Sagt der Lehrer: »Also, ich mache jetzt mal hier vorne zwei Haufen!« Alle lachen. »Wenn nicht gleich Ruhe ist, setze ich einen vor die Tür!«

Informationen über die Rezeption des ganzen Schulsystems gibt das folgende kurze Kunstwerk:

Wie nennt man den Zustand kurz nach dem Aufstehen? Morgengrauen!

Die Errungenschaften der modernen Pädagogik

Noch vor vierzig bis fünfzig Jahren prägte der Frontalunterricht den schulischen Alltag, und unter Lernen verstand man gelegentlich auch Auswendiglernen. Im Deutschunterricht memorierte man Gedichte, ja zitierte ganze Balladen auswendig, in der Mathematik sorgte das Auswendiglernen dafür, dass Merksätze und Formeln bei Bedarf verfügbar waren, im Geschichtsunterricht rankte sich das Geschehen der Vergangenheit um Orte und Zahlen, die es zu erlernen galt. Die moderne Pädagogik der 1970er- und späterer Jahre machte Schluss damit; sie gewährte den Schülern ein weitaus höheres Maß an Freiheit und sorgte für Abwechslung: Schüler praktizieren heute Gruppenarbeit und Cross-over-Learning, arbeiten konzentriert eine ganze Woche lang an einem Projekt, erfreuen sich an Lernspielen und setzen bei der Erarbeitung des Unterrichtsstoffs sogar vielfältige digitale Medien ein, wenn es gelingt, sie anzuschaffen und in Betrieb zu nehmen, bevor sie so völlig veraltet sind wie das IT-Wissen der Lehrer. Vieles geschieht in Eigeninitiative und Eigenverantwortlichkeit – hin und wieder geschieht deshalb auch nichts. Dafür ist aber nicht die simple Wissensvermittlung das wichtigste Lernziel; darüber hinaus sollen die Schüler im Laufe ihres schulischen Lebens Eigeninitiative entwickeln, Kreativität entfalten sowie ihre Team- und Kritikfähigkeit verbessern. Deshalb werden in den Zeugnissen heute vielerorts nicht mehr Betragen, Aufmerksamkeit, Ordnung und Fleiß beurteilt, was früher durch die Kopfnoten geschah: vielmehr stehen Arbeitsverhalten und soziale Kompetenz im Fokus.

Seit Ende des 20. Jahrhunderts und Beginn des 21. Jahrhunderts kann die Pädagogik sich einer Reihe neuer Errungenschaften rühmen, die in der Vergangenheit nahezu unbekannt waren oder ganz andere Namen und Bewusstseinshintergründe hatten. Eine Erfindung der Neuzeit ist das so genannte Lernversagen – ein Schüler oder eine Schülerin schafft es nicht, zum Beispiel lesen und schreiben zu lernen. Nachhilfe gab es immer, aber erst die Schule unserer Tage hat Schulpsychologen und Lerntherapeuten in großer Zahl, aber auch Nachhilfeinstitute, ja ganze Nachhilfekonzerne hervorgebracht. Oft genügen die schulischen Leistungen nicht für einen Handwerksberuf, doch bietet sich dann immer noch eine Laufbahn als Legastheniker und Dyskalkuliker an. Außerdem hat das moderne Schulsystem den Zappelphilipp zum ADSler oder sogar zum ADHSler befördert und mit der Vermutung einer Hochbegabung aus einem pädagogischen schwarzen Loch gerottot. Mancher fragt sich auch, wieso trotz Ganztagsbetreuung, Förderunterricht und zahlreicher Rechtschreibreformen (Endziel: gemischte Durcheinanderschreibung) das Rechtschreibwissen ganzer Generationen gegen null strebt, es gilt nämlich immer noch und wird weiter gelten: Wer nämlich mit »h« schreibt, ist dämlich – ohne jede Frage.

96 Seiten
9,99 € (D) | 10,30 € (A)
ISBN 978-3-7423-0325-7

Norbert Golluch

Das Survival-Handbuch für Lehrer

Entspannt von Ferien
zu Ferien

Katastrophen können sich immer und überall ereignen. Vor allem im Klassenzimmer geht es oft ums schiere Überleben. Dieses Handbuch bereitet jeden Lehrer auf die Extreme des harten Schulalltags vor. Mit der dafür notwendigen Einstellung, der richtigen Ausstattung und einem ungebrochenen Willen wird er fit gemacht für eine Welt
voller Gefahren:

Ob sieben Nächte unter Wilden (aka Klassenfahrt), der Elternbesuch des Grauens, pubertierende Zombies oder die obligatorischen Rangfolgenkämpfe im Lehrerzimmer - Geistesgegenwart und Kampfgeist können jedem Pädagogen das Leben retten.

Ein unerlässlicher Ratgeber für Referendare und Profis. Garantiert vorurteilsbehaftet, subjektiv und pädagogisch zweifelhaft!

208 Seiten
6,99 € (D) | 7,20 € (A)
ISBN 978-3-86883-865-7

Norbert Golluch

Endlich nicht mehr nur Bahnhof verstehen, sondern wissen, wo der Hase im Pfeffer liegt

Das Redewendungen-
Erklärungsbuch

Woher kommen die unzähligen plastischen Redewendungen und geflügelten Wörter, die wir ganz automatisch benutzen, welche Bedeutung haben diese teils sehr alten Aussprüche? Was hat die Gardinenpredigt mit Stoffbahnen vor dem Fenster zu tun? Warum tritt man ins Fettnäpfchen? Welcher Hase liegt in welchem Pfeffer? Warum legt man etwas auf die hohe Kante? Wieso geht einem der Arsch auf Grundeis? Und warum hat man einen Frosch im Hals?

Norbert Golluch nimmt sich über 300 populäre Redewendungen vom Mittelalter bis zur Moderne vor und liefert nicht nur Erklärungen für jeden Ausspruch, sondern zeigt auch noch auf humorvolle Weise die Entstehung der Sprichwörter auf. Von Cäsars Überschreitung des Rubikons bis zur Feuertaufe der frühen Märtyrer ist alles dabei – neuer Stoff für seine vielen begeisterten Leser.